휘둘리지 않고 포기하지 않고 후회하지 않는
인생의 유단자로 만들어주는

멘탈 체육관

휘둘리지 않고 포기하지 않고 후회하지 않는
인생의 유단자로 만들어주는

멘탈 체육관

1판 1쇄 인쇄 2020년 8월 25일
1판 1쇄 발행 2020년 8월 31일

지은이 홍진민
펴낸이 송준화
펴낸곳 아틀라스북스
등 록 2014년 8월 26일 제399-2017-000017호

기획편집총괄 송준화
마케팅총괄 박진규
디자인 김민정

주소 (12084) 경기도 남양주시 청학로 78 812호(스파빌)
전화 070-8825-6068
팩스 0303-3441-6068
이메일 atlasbooks@naver.com

ISBN 979-11-88194-21-6 (13320)
값 15,000원

이 도서의 국립중앙도서관 출판시도서목록(CIP)은 서지정보유통지원시스템 홈페이지
(http://seoji.nl.go.kr)와 국가자료공동목록시스템(http://www.nl.go.kr/kolisnet)에서
이용하실 수 있습니다.(CIP제어번호 : CIP 2020033077)

SUPER
MENTAL

휘둘리지 않고
포기하지 않고
후회하지 않는

인생의 유단자로
만들어주는

멘탈
체육관
Mental Gymnasium

멘탈 코치 홍진민 지음

아틀라스
북스

곰의 어깨 범의 허리

다시 벤치 프레스에 앉아 다 식은 에스프레소를 들이켰다. 거울에 비친 옆모습에 새삼 기분이 상했다. 굽은 등과 두툼한 뱃살, 그에 비해 얇고 밋밋한 팔. 씁쓸한 마음으로 몸을 살펴보다 거울 속 나와 눈이 마주쳤다. 어쩌다 이렇게까지 됐을까.

내가 운동을 다시 시작하기로 한 이유는 내 안에 패배의식을 지워버리기 위해서였다. 30대 중반이 되면서 '20대 때의 나'에 대한 패배의식이 자리잡았다. 항상 입버릇처럼 '그때만 못하다'라는 말을 했다.

"체력이 예전 같지 않아."

"멘탈이 약해졌어."
"이제는 머리가 잘 안 돌아가."

20대 때는, 정확히 말하면 취업을 했던 스물여덟 살 전까지는 '튼튼한 곰의 어깨'와 '날렵한 범의 허리'를 가지고 있었다. 뭘 하든 자신 있었다. 대학교 축구팀에서는 (누구나 이런 허세를 떨긴 하지만) 정말 날아다녔다. 누구보다 빠르고 오래 뛰었다. 나보다 덩치가 큰 상대가 다가와도 곰의 어깨를 집어넣고 황소처럼 밀어붙였다.

취업준비도 어렵지 않았다. 학점, 영어점수, 인턴경험, 수상경력, 필요한 자격증이 준비돼 있었다. 의지력을 짜내지 않아도 몸과 머리가 먼저 움직였다. 입사 후, 나와 같이 면접을 봤던 동기는 내가 떨어질 줄 알았다고 했다. 다리를 벌리고 뒤로 기대앉은 모습에서 '저 사람은 떨어지겠구나'라고 생각했단다. 그날 내가 어떤 자세로 앉아 있었는지 기억나진 않지만, 아마 그 시절 자신감이었으면 충분히 그러고도 남았을 것이다.

무기력은 입사 직후부터 시작됐다. 입사하기 전에는 대기업 입사가 꿈이었는데 입사와 동시에 퇴사가 꿈이 돼 버렸다. 하루 열다섯 시간씩 일하는 날이 부지기수였다. 출퇴근 두 시간에 잠자는 시간을 빼면 내 삶은 없는 것이나 다름없었다.

아직 파이팅이 남아있던 때라 잠을 네 시간으로 줄여가며 탈출을 준비했지만 몇 번의 기회가 번번이 실패로 돌아갔다. 결국 다른 사업부로 이동하면서 나 자신과 타협했다. 꿈이 참 많았었는데… 나는 그저 수많은 직장인 중 한 명이 됐다.

아내는 나를 '돼저씨'라 불렀다. 돼지와 아저씨를 합친 별명이다. 나는 뭘 하든 느렸고, 집중력은 오래가지 못해 짧은 집중의 끈을 몇 번씩 이어 붙여야 했다.

퇴근하고 집에 오면 씻고 누울까, 누웠다가 씻을까를 고민하다 그대로 잠이 들어버렸다. 몸에 붙은 살들은 중력방향으로 완전히 무너져 내렸고, 그렇게 좋아하던 축구는 보기만 하게 됐다. 주말이면 네캔 만원 맥주와 단짠 조합의 과자를 두 봉지나 뜯어 놓고 새벽까지 프리미어리그를 시청했다. 하지만 그마저도 끝까지 보지 못하고 잠들어 버리는 체력이 됐다.

40대 초반이 되면 회사에서는 '작업'을 시작한다. 초등학생 자녀를 둔 차장님들을 현장으로 내몰거나, 까마득한 후배를 팀장으로 앉히거나, 구성원들 앞에서 자존심을 무너뜨리는 모습이 이제 더는 충격적이지 않다.

5년 정도 남았다고 생각했다. 회사에 나를 증명해 보이지 못하면 5년 뒤엔 현장에 나가 유니폼을 입거나, 후배에게 존댓말을 쓰거나, 스스로 걸어 나와 자존심을 지켜야 한다. 회사에 나를 증명하든, 내 발로 걸어 나와 다른 일에 도전하든, 지금 이 몸과 정신상태로는 답이 없다고 생각했다. 다시 나를 일으켜 세워야 했다.

'다시 곰의 어깨를 가질 수 있을까?'
20대 때의 몸과 체력을 뛰어넘는다면 내 안에 자리잡은 패배의식을 지우고 자신감을 되찾을 수 있을 것 같았다. 사실 시도해 보긴 했다. 이미 두 번의 시도가 실패로 끝났다. 두 번 모두 6개월짜리 회원권을 한 달도 채우지 못하고 날려 버렸다. 20대 대학생의 운동과 30대 직장인의 운동은 달랐다. 시간은 턱없이 부족하고 근육의 성장은 더뎠다. 무엇보다 의지력이 쓰레기였다.

멘탈 공부

그렇게 한심했던 내가 1년 후에는 완전히 달라졌다.

체지방률 21%, 몸무게 76kg으로 시작해 체지방률 6%, 몸무게 64kg까지 가는 데 성공했다. 지방만 걷어낸 것이 아니다. 곰의 어깨와 범의 허리를 되찾았다. 보디빌딩 시합도 나갔고 멋진 프로필 사진도 남겼다. 버킷 리스트였지만 엄두도 못 냈던 책 쓰기도 첫 장을 시작했다.

이 모든 일이 하루 열두 시간씩 회사에 시간을 쓰면서 해낸 일이다. '20대 때의 나'는 이제 내 상대가 되지 않았다. 나는 패배의식을 깨끗하게 지워냈다. 나에게 어떤 일이 일어난 걸까?

4년 전, 사내 목사님에게서 코칭 자격증을 땄다는 얘기를 들었다. 다른 사람의 목표 달성과 성장을 돕는 기술을 공부해 자격증을 따고, 그것을 직업으로도 가질 수 있다는 사실을 처음 알게 됐다. 관심이 생겼다.

3개월 동안 코칭 관련 책을 20권쯤 읽었다. 읽으면 읽을수록 흥미로웠다. 다시 가슴이 뛰었다. 큰돈을 들여 미국 갤럽에서 진행하는 강점 코칭 전문가 과정(Gallup Clifton Strengths Finder)에 등록했고, 남은 연차를 모두 써가며 6개월 만에 갤럽 공식 코치로 인증 받았다.

코칭 초창기, 내 코칭실력이 아직 여물지 않았음에도 어떤 사람은 직업을 바꾸고, 어떤 사람은 관계가 개선되고, 또 어떤 사람은 미루던 사업을 시작해 대박을 터뜨리는 일이 생겼다. 나는 코칭에 매료됐다. 더 깊이 들어가 나만의 코칭 영역을 뾰족하게 세우고 싶었다.

보통 코치들은 주특기를 갖는다. 커뮤니케이션, 리더십, 재무관리, 커리어, 자녀교육, 독서, 가족관계 등 자신이 가장 잘할 수 있는 분야에서 사람들을 돕는다. 나는 운동선수를 돕고 싶었다. 운동선수가 어릴 적 꿈이기도 했고 성과가 명확하게 보이는 분야라고 생각했다.

수소문 끝에 일본에서 활동하고 있는 스포츠 멘탈 코치인 쯔게 요이치로 코치님을 찾아갔다. 그는 4명의 올림픽 금메달 리스트를 만들어 낸 일본 최고의 스포츠 멘탈 코치이다.

내가 그에게 배우고 싶었던 이유는 그가 멘탈을 끌어올리는 데 있어 트레이닝이 아닌 코칭방식을 사용했기 때문이다. 교육자가 우월한 위치에서 정해진 경로를 따라 끌고 가는 것이 트레이닝이라면, 코칭은 개인의 잠재력을 무한대로 보고 선수 스스로 사고하여 주도적으로 성장하도록 돕는다. 트레이닝은 트레이너가 가진 역량까지만 성장하지만, 코칭을 통한 성장 가능성은 무궁무진하다.

나는 그에게 배우기 위해 다시 한 번 통장잔고를 털었다. 모자란 돈은 지인에게 빌렸다. 일본어로 전달되는 수업을 빠짐없이 듣고 공부하기 위해 통역과 속기사가 붙었다. 5개월 과정을 마치고 갤럽에서 배운 '강점'과 쯔게 코치님에게서 배운 '멘탈'을 하나의 커리큘럼으로 만들었다. 부족한 점은 책과 논문을 찾아 읽고, 경험 많은 코치님들을 찾아가 가르침을 얻었다.

스포츠 선수, 사업가, 영업 일선에 있는 회사원, 시험을 앞둔 학생 등 멘탈 영역에서 방황하는 이들을 코칭하면서 놀라운 코칭의 힘을 직접 목격했다. 그러다 보니 그들을 변화시켰듯 내 망가진 몸뚱아리도 다시 일으켜 세울 수 있겠다는 자신감이 생겼다. 몸 만들기란 결국 방법이 아닌 멘탈의 문제니까.

이 책은 '멘탈'에 관한 이야기다. 멘탈 근육을 강화하고 그것을 목표 달성으로 연결하는 방법을 서른여덟 개의 주제로 정리했다. 그리고 각각의 주제를 붕괴된 여러분의 멘탈을 다시 일으켜 보자는 의미에서 '멘탈 코칭'이라는 명칭으로 구성했다.

본격적인 이야기에 앞서 과거 내 처진 몸과 결심, 그 결과에 대해 구구절절 얘기했던 이유는 두 가지다.

첫째는 내가 몸 만드는 셀프 코칭을 하면서 이 모든 방법을 스스로 적용했기 때문이고, 둘째는 책 속에 코칭 사례를 넣는 과정에서 코칭 대상자들의 동의를 얻지 못했거나 너무 사적인 이야기는 나의 사례로 대체했기 때문이다. (코치에게 가장 중요한 윤리적 의무 중 하나는

'비밀의 의무'이다. 코칭 사례 중 일부는 필요에 따라 종목을 변경했고, 코칭 대상자의 이니셜은 실제와 다름을 밝혀 둔다.)

거의 모든 주제를 스포츠 현장을 배경으로 썼지만, 운동선수가 아니더라도 누구나 어떤 일에든 똑같은 원리를 적용할 수 있다. 운동선수에게 시합은 연예인에게는 무대이고, 영업사원에게는 고객을 만나는 시간이며, 취준생에게는 면접이다. 시험, 프레젠테이션, 소개팅, 친구들과 하는 자존심이 걸린 게임에도 멘탈의 차이가 결과를 바꾼다. 이 책에 담긴 멘탈 원리들을 여러분의 일과 인간관계, 다양한 활동에 대입하여 인생이라는 게임에서 승리하길 바란다.

'코칭 질문'에 답해 보기

모든 사람은 다르다. 타고난 기질, 키워 온 능력이 다르고 자라 온 환경, 현재 처한 상황이 다르다. 원하는 것도, 원하는 것의 크기도 다르며 동기를 얻는 방식도 가지각색이다. 때문에 코칭은 그 '다름'을 전제로 한다. 만약 모든 사람이 같은 방식으로 성과를 낼 수 있다면 코칭이 아닌, 그 방식을 일방적으로 전달하는 티칭만 필요할 것이다. 기초 지식을 습득하는 데는 티칭이 효율적이지만 기초가 쌓이면 반드시 코칭 영역으로 넘어가야 한다. 불특정 다수를 대상으로 하는 책이라는 매체 특성상 이 책은 티칭에 가깝다. 그래서 모든 주제 마지막에 〈코칭 질문〉을 넣어 책이 갖는 한계를 극복하려고 했다.

세스 고딘은《린치핀》에 이와 같이 적었다.

'우리 주변은 고지식한 관료, 받아 적기만 하는 사람, 문자 그대로 해석하는 사람, 규율을 꼼꼼히 따지는 사람, 주말만 기다리는 노동자, 주어진 길만 가는 사람, 해고를 두려워하는 직장인들로 가득하다. 문제는 이들이 모두 고통 속에서 살아간다는 것이다.'[1]

티칭에만 익숙해진 세대들의 모습이다. 고지식하게 받아 적고, 문자 그대로 해석하고, 규율을 꼼꼼히 따져 기본을 익히되 코칭 질문에 답해 봄으로써 자기만의 방식으로 깨뜨리길 바란다.

자, 그럼 이제 '멘탈 체육관'에서 훈련을 시작해 보자.

차례

중급 편

SUPER
MENTAL

초급 편

왜 결심은
매번
무너지는가

운동 1주차, 역시 이번에도 쉽지 않다. 결심과 실행 사이에는 멘탈의 강이 흐른다. 특히 몸을 만드는 데는 멘탈이 99%를 차지한다. 방법이 틀려서 실패하는 경우는 거의 없다. 해야 할 것을 하고, 하지 말아야 할 것을 하지 않으면 몸은 좋아지게 돼 있다.

스포츠 경기나 비즈니스 같은 경우 내가 해야 할 것을 완벽하게 수행하고, 하지 말아야 할 것을 잘 참아내도 결과를 장담할 수 없다. 외적 변수가 너무 많기 때문이다.

하지만 몸 만들기는 다르다. 보디빌딩 시합에 나가 성적을 내야 하는 목표가 아닌 이상 외적 변수는 없다. 모든 것이 나 자신을 다스리는 '멘탈'에 달려 있다.

'어제는 운동을 걸렀으니 오늘부터 진짜 열심히 해야지!'

운동복과 물통을 챙겨 넣고 회사로 향한다. 하지만 오전까지만 해도 충만했던 의지는 퇴근이 가까워질수록 꺾여 부스러진다. 퇴근 10분 전, 나의 마음을 알아채기라도 한 듯 구매팀 악마가 사내 메신저로 곱창을 먹으러 가자고 유혹한다. 나는 기다렸다는 듯 '콜'을 외치고 만다.

자제력은 소모성 자원

'왜 결심은 매번 무너질까?'

나의 목표가 자제력이 필요 없을 만큼 재미있거나 만족감을 준다면 이런 고민은 필요 없다. 퇴근 후에 술을 마시거나 게임을 하는 것은 쉽게 실행할 수 있다. 나는 운동을 좋아하지만, 퇴근 후에 할 수 있는 선택지 중 상대적 재미를 따진다면 운동은 한 12위쯤 될 것이다. 열한 가지 유혹을 뒤로 한 채 운동을 선택하려면 자제력이 필요하다. 문제는 자제력이 쓸수록 줄어드는 '소모성 자원'이라는 데 있다.

사회과학자들이 대학생들을 대상으로 자제력에 관한 실험을 진행했다. 세 시간을 굶은 대학생들을 두 그룹으로 나눠 한 방에 들어가게 했다. 방 안 테이블 위에는 막 구워낸 초콜릿 칩과 아무 조리도 하지 않은 무가 놓여 있었다.

A그룹 학생들에게는 초콜릿 칩을 먹을 수 있게 허용한 반면, B그룹 학생들은 오직 무만 먹을 수 있게 했다. B그룹 학생들은 유혹에 시달렸다. 갈망하는 눈빛으로 쿠키를 바라보다 씁쓸한 표정으로 무를 베어 물었다. 어떤 학생은 일부러 쿠키를 바닥에 떨어뜨려 초콜릿 칩의 유혹을 참아 내기도 했다.

그런 다음 과학자들은 학생들을 다른 방으로 데려가서 퍼즐을 풀게 했다. 풀기가 불가능하게 설계된 퍼즐이었다. 실험의 목적은 퍼즐 풀기를 얼마 만에 포기하는지를 알아보는 데 있었다. 실험결과, 초콜릿 칩을 먹은 A그룹은 평균 20분 동안 퍼즐을 풀었고, 무만 먹을 수 있었던 B그룹은 평균 8분 만에 포기했다. 행동과학 연구실험 결과로는 이례적이리만큼 큰 차이였다.

연구자들은 B그룹이 쉽게 포기한 이유를 그들이 초콜릿 칩의 유혹을 참아 내기 위해 '자제력을 소모했기 때문'이라고 설명한다.[2]

나는 회사에 다니면서 초콜릿 칩을 참아내는 것 이상의 자제력을 쓴다. 한 시간 반이 걸리는 출근길 지옥철에서 내가 가진 자제력 중 3분의 1이 털린다. 회사에 도착하면 점심시간 전까지 배고픔을 참고, 점심을 먹은 후엔 디저트의 유혹을 참고, 점심시간이 끝나면 쏟아지는 졸음을 참는다. 실력 없는 상사의 연설과 상하좌우로 쳐들어오는 업무요청, 회의를 위한 회의, 내가 대표라면 절대로 하지 않을 보여주기식 업무를 처리하다 보면 자제력 게이지는 뚝뚝 떨어진다.

실험 하나를 더 살펴보자. 세 그룹의 피실험자들에게 슬픈 다큐멘터리 영화를 보여 주면서 그들에게 영화를 감상하는 표정을 촬영할 것이라고 말해 줬다. 단, A그룹에는 감정을 참을 것을, B그룹에는 감정을 극대화해 표현할 것을 요청했다. 그리고 나머지 C그룹만 아무런 통제 없이 평소처럼 영화를 보게 했다.

영화가 끝난 뒤, 그들이 악력기를 쥐고 얼마나 오래 버티는지를 비교하는 방식으로 자제력 테스트를 했다. 자연스럽게 영화를 감상한 C그룹은 영화를 보기 전과 다르지 않았다. 하지만 슬픈 감정을 참은 그룹과 감정을 억지로 극대화했던 그룹은 버티는 시간이 훨씬 줄어들었다. 감정적 반응을 통제하느라 자제력을 빼앗긴 탓이다.[3]

매번 결심이 무너지는 이유는 내 의지력 문제가 아니었다. 회사에서 갖가지 감정을 분출하지 못하고, 상사 앞에서 거짓 표정을 짓느라 추가로 자제력을 빼앗기고 나면 나의 자제력은 거의 남아나지 않는다. 이렇게 바닥난 자제력으로 감행한 운동은 열한 가지 유혹을 이겨 낼 만큼 즐거운 기억은 아니었을 것이다. 그러니 매번 유혹에 무너질 수밖에.

회사에 처음 입사했을 때 허리띠 위로 넘쳐흐르는 부장님들 배를 보면서 생각했다. '나는 절대 저렇게 되지 말아야지.' 하지만 이제는 이해할 수 있다. 그분들도 그렇게 되고 싶지 않았다. 부장 위치에 오를 만큼 자제력을 쥐어 짜내면서 좋은 남편, 좋은 아빠 역할도 해야 하는데 좋은 몸까지 기대하는 것은 너무 가혹하다.

1년 전만 해도 내 배 역시 허리띠 경계에 다다라 있었다. 아니 이미 넘었을지도 모른다. 그저 힘으로 당기고 있었을 뿐. 어느 순간 아빠가 되고 더 많은 자제력을 소진해야 할 위치에 서면, 그때는 배를 당겨 넣을 자제력조차 남아있지 않을지도 모른다.

미국의 유명 작가 짐 론은 이렇게 말했다.

"인생에서 둘 중 한 가지 고통은 반드시 겪게 된다. 자제하면서 생기는 고통, 또는 자제하지 못해 후회하는 고통이다."

허리띠 경계에서 나는 생각했다. 운동할 자제력이 남아 있는 날이 일주일에 며칠이나 될까? 어차피 한 가지 고통을 겪어야 한다면 자제하면서 생기는 고통이 낫지 않을까? 대신 나는 멘탈 코치답게 고통을 최소화할 방법을 찾기로 했다. 어떻게 하면 소모성 자원인 자제력을 체육관에 도착할 때까지 잘 보존할 수 있을까?

자제력 관리하기

하루를 잘 뜯어보면 자제력을 아낄 수 있는 부분을 발견할 수 있다. 먼저 본능적 욕구를 살펴봐야 한다.

《의지력의 재발견》의 저자 로이 F. 바우마이스터와 존 티어니의 연구에 따르면 '사람들은 수면욕, 식욕, 성욕과 같은 본능적 욕구를 참는 데 가장 많은 자제력을 쓴다'라고 한다.[4]

나는 선수들에게 여덟 시간 이상 자야 한다고 말한다(수면시간에 관한 내용은 '멘탈 코칭 26'에서 자세하게 살펴보자). 나도 수면시간을 일곱 시간에서 여덟 시간으로 늘렸다. 오랜만에 하는 운동이라 금방 피로 해졌다. 졸음을 참는 데 쓰는 자제력을 아끼기 위해 몸이 적응할 때 까지만 한 시간 더 자기로 했다. 음식도 제한하지 않았다. 운동습관 이 잡히면 그때부터 식단을 바꿔 나가기로 하고 먹고 싶은 음식을 마음껏 먹었다.

다음으로 입는 옷을 모두 바꿨다. 내 자제력을 가장 많이 빼앗는 주범은 알레르기성 비염이다. 다른 사람에게 피해 주지 않으려고 훌쩍거림을 참고, 재채기와 콧물을 참다 보면 적지 않은 정신 에너지가 소모된다.

알레르기 검사를 해 보니 내 코 점막은 집먼지에 반응했다. 집먼지가 들러붙기 쉬운 울이나 니트류의 옷은 모두 창고로 집어넣고 집먼지가 붙지 않는 소재의 옷만 남겼다. 왜 그동안 이렇게 하지 않았을까. 옷을 가려 입는 것만으로도 비염이 크게 개선됐다.

그다음은 '전략적 무능'을 택했다. 전략적 무능이란 정말 중요한 일을 탁월하게 해내기 위해 다른 일들은 적당히 포기하는 방법이다. 회사에서 내 능력이나 직무범위를 벗어난 일, 물리적으로 처리할 수 없는 일까지 해결하려고 애쓰지 않았다. 다른 부서에 요청하거나 팀원에게 위임했다. 그렇게 해 보니 오히려 일이 잘 돌아갔다. 내 일하는 방식이 잘못됐음을 깨달았다. 나도 자제력을 아끼고, 일도 잘 돌아가니 일석이조였다.

전략적 무능은 자제력과 같은 정신 에너지를 보존하는 데 탁월한 방법이다. 페이스북 창업자 마크 저커버그가 매일 같은 옷만 입는 것도 전략적 무능이라고 할 수 있다. '왜 당신은 매일 같은 티셔츠만 입나요?'라는 질문에 마크 저커버그는 이렇게 답했다.

"저는 가능한 다른 모든 의사결정을 최소화하고 회사를 위한 일에만 집중하고 싶습니다. 여러 심리학 학설은 말합니다. 아주 사소한 의사결정, 예를 들면 무엇을 입을지, 아침에 무엇을 먹을지 등에 대한 의사결정도 피로를 쌓이게 하고 에너지를 소모시킨다고요. 저는 제 모든 에너지를 최고의 제품과 서비스를 만들고 우리의 미션을 달성하는 데 쓰고 싶습니다. 저에게 소중한 것은 그것이니까요."

나는 매일 같은 옷까지는 아니지만 집 먼지가 들러붙지 않는 상의 세 벌과 하의 두 벌을 돌려 입었다. 자제력은 오롯이 운동에만 쓴다는 생각으로 옷을 비롯해 독서, 집 정리, 인간관계 등 삶의 너무 많은 부분에 욕심내지 않기로 했다.

🏋 자제력을 아끼기 위한 나의 결심

자제력을 잃게 하는 요소	대안
수면욕	수면시간 7시간에서 8시간으로 늘리기
식욕	식단을 제한하지 않고, 운동습관이 잡히고 나서 조금씩 바꾸기
알레르기성 비염	집먼지가 들러붙지 않는 옷 입기
회사업무	전략적 무능 : 능력이나 직무범위를 벗어난 일, 물리적으로 처리할 수 없는 일까지 해결하려고 애쓰지 않기, 위임하고 나눠주기
기타	전략적 무능 : 독서, 집정리, 인간관계 등 삶의 너무 많은 부분에 욕심 내지 않기

이렇게 아낀 자제력은 구매팀 악마의 유혹을 단칼에 끊을 만한 멘탈을 만들어 줬다. 확실히 운동하러 가는 날이 많아졌다. 평균 주 2회에서 최소 4회까지 늘었다. 단순히 운동량으로만 계산해 보면 목표 달성이 두 배나 빨라진 셈이다.

결국 한정된 자제력이라는 자원을 어떻게 아끼고 어디에 배분할지에 관한 문제다. 자제력을 그때그때 닥치는 대로 써버리거나 다른 사람의 기대에 부응하기 위해 쏟아붓는다면, 정작 나를 위한 소중한 일에 사용할 자제력은 남지 않는다. 이것은 운동에 한정된 얘기가 아니다. 자신에게 꼭 이뤄야 할 간절한 목표가 있다면 그것이 무엇이든 자제력을 관리해 보자.

코칭 질문

결심한 목표에 얼마나 의욕적으로 임하고 있나요? 충분히 의욕적이지 못하다면, 자기 생활을 잘 들여다보고 자제력을 쓰게 만드는 요소를 발견해 보세요. 그리고 각각에 대한 대안을 찾아 보세요.

자제력을 잃게 하는 요소	대안

감정 뒤집기

나의 스승 쯔게 요이치로 코치님은 '딱 좋아'라는 말을 가르쳐 줬다. 원하는 대로 일이 풀리지 않을 때 '딱 좋아'라고 말하고 '왜냐하면 ~이니까'를 이어 말하면 부정적 감정에서 벗어날 수 있다.

딱 좋아!

차가 막혀 훈련에 늦을 상황이라고 생각해 보자. 30분 뒤 훈련 장소에 도착해야 하는데 내비게이션은 한 시간 뒤 도착이라고 알려 준다. 불편하고 초조해서 마음이 쪼그라진다면 인생에서의 소중한

한 시간을 날려버리게 된다. 급한 마음에 사고를 낼 수도 있고 쪼그라드는 마음은 훈련에까지 영향을 미친다.

그럴 때 '딱 좋아'라고 말하고 그 이유를 세 가지만 말해 보자. 이렇게 할 수 있다.

"딱 좋아, 왜냐하면 ① 이 시간대에 차를 가지고 나오면 더 일찍 출발해야 한다는 사실을 알게 됐으니까. ② 오랫동안 연락하지 못했던 친구와 통화할 시간을 갖게 됐으니까. ③ 오늘 무엇에 집중해서 훈련할지 미리 그려 볼 시간을 갖게 됐으니까."

냉정하게 생각하면 딱 좋지 않다. 하지만 이미 벌어진 일을 어쩌겠는가. 100% 내 잘못임을 인정하고 긍정적인 면을 탐색해 나가야 한다. 억지로라도 이유를 찾아보면 스트레스가 주는 해악을 줄일 수 있다. 오히려 기회를 발견하게 될지도 모른다. 전화로 친구와 나눈 대화가 강력한 동기부여가 될 수도 있고, 무엇에 집중해서 훈련할지 미리 그려 본 것이 결정적 성장의 계기가 될 수도 있다. 지금 마음을 불편하게 하는 일이 있다면 '딱 좋아'라고 말하고 휴대폰 메모장에 그 이유를 세 가지만 적어보자. 전과 후의 기분은 분명 달라져 있을 것이다.

하지만!

부정적 감정에서 벗어나기 위한 또 다른 방법이 있다. '하지만'이다. '딱 좋아'와 마찬가지로 '하지만'이라고 말한 뒤 문장을 완성하면 된다. '딱 좋아'가 부정적 상황에서 긍정적인 면을 발견하도록 돕는다면 '하지만'은 나의 잘못된 신념을 인지하게 해 주거나, 현재 내가 가진 것에 감사하도록 돕는다. 앞에서 예로 든 것과 같은 상황이라면 이렇게 쓸 수 있다.

'하지만 ① 늦게 나온 내 잘못이니 누굴 탓하겠어. 다음부터 같은 실수를 반복하지 말자. ② 30분 지각이면 핵심 훈련에는 참여할 수 있어. 늦은 만큼 팀에 더 헌신해서 훈련에 임하자. ③ 지금 나는 편안한 차에 있다. 친구와 통화할 수도, 음악을 들을 수도, 큰소리로 노래를 부를 수도 있으니 이 시간을 최대한 즐기자.'

멘탈이 약한 사람은 상황에 그저 '반응'한다. 좋지 않은 일이 닥쳤을 때 '짜증나', '열 받아'라고 내뱉거나 상황이 끝나기만을 수동적으로 기다린다.

반면 멘탈이 강한 사람은 능동적으로 상황에 '대응'한다. 부정적 상황이 생겼을 때 '딱 좋아'와 '하지만'으로 가볍게 감정을 뒤집어 보자. 부정적 감정을 바로 해소하지 않고 쌓아 두면 별것도 아닌 일을 확대 해석하게 된다. '나는 뭘 해도 안 돼'라는 피해의식으로 발전할지도 모른다.

눈이 많이 내렸던 어느 주말 아침, 어떤 사람이 내 차 앞에 일렬주차를 하고 기어를 파킹(P)에 놓은 적이 있었다. 아무리 전화를 해도 받질 않았다. 경비 아저씨께서 그 집에 가서 문을 두들겨 봤는데도 소용없었다. 하는 수 없이 전철을 타고 약속장소로 이동해야 했다.

딱 좋았다. 왜냐하면, ① 책 읽을 시간을 갖게 됐으니까. ② 오늘같이 눈이 많이 오는 날은 오히려 대중교통이 더 안전할 테니까. ③ 주말 아침이라 편하게 앉아서 갈 수 있을 테니까.

나는 따뜻한 커피 한 잔을 사 들고 전철을 탔다. 자리에 앉아 박민규 작가의 《죽은 왕녀를 위한 파반느》를 읽었다. 눈 오는 풍경, 전철에 앉아 읽기 '딱 좋은' 책이었다.

농구선수 K는 발에 피로골절을 입고 두 달 넘게 시합을 못 뛰던 상황에서 나를 만났다. 나는 K를 만난 첫날에 이렇게 말했다.

"시합에 못 나가서 얼마나 초조하겠어요. 하지만 ① 선수 생명에 지장이 있거나, 시즌 아웃이 될 만큼 큰 부상이 아니니 얼마나 다행인가요. ② 부상이 멘탈 훈련을 시작하는 계기가 됐잖아요. ③ 무릎 위쪽으로는 웨이트 트레이닝을 할 수 있으니 부족한 근력을 키울 수 있는 시간이 생겼네요."

감정을 뒤집지 않으면 부정적 감정에 압도되어 멈춰 서지만, 뒤집을 수 있다면 내가 할 수 있는 일을 찾아 반보라도 내디딜 수 있다.

코칭 질문

지금 마음을 불편하게 하는 일이 있나요? 딱 좋습니다. 왜냐하면?

공격적인 선택

크고 작은 선택의 갈림길에서 좋아하는 감정을 추구하는 선택보다는 싫어하는 감정을 피하려는 선택을 하는 경우가 많다.

축구선수 P도 그랬다. 어느 순간부터 찬스에서 때리지 못하고 공을 돌리는 상황이 많아졌다. 좋아하는 감정인 골을 넣었을 때의 '희열'보다는 못 넣었을 때 느끼는 '부담감'이 싫었다. 중요한 경기일수록 그런 상황이 더 많았다. 나는 P와 함께 그런 선택이 언제부터 시작됐는지 추적했다.

3개월 전쯤이었다. 쇄도하는 동료 선수 C에게 패스했다면 거의 골을 넣을 수 있었던 찬스가 생겼다. 하지만 P는 욕심이 났다. 그대로 슛을 때렸다. 슛은 어이없이 빗나갔고 팀은 2:3으로 패했다. P는 당시 슛이 빗나간 순간 C가 표출했던 불만과 경기 후 감독님이 지었던 표정에서부터 그런 감정이 시작된 것 같다고 했다.

나는 P에게 감독님과 C를 찾아가 그날의 상황을 기억하는지 물어보라는 과제를 내줬다. 일주일 후에 만난 P는 허탈한 웃음을 지었다. C는 "너만 그러냐? 다 똑같지, 나도 그럴 때 많잖아"라며 대수롭지 않게 말했고, 감독님은 "그때 C가 아니라 네가 그랬냐?"라며 상황을 반대로 기억하고 있었단다.

우리는 실수와 실패를 두려워한다. 실패했을 때 느낄 감정이 두려워서 성공했을 때 느낄 수 있는 감정을 좇지 못한다. 대부분 '다른 사람이 나를 어떻게 생각할까'라는 생각에서 비롯된다.

하지만 다른 사람은 내 실수와 실패를 기억하지 못한다. 남의 실수와 실패를 하나하나 기억할 만큼 그들 마음엔 여유가 없다. 그들은 자신의 일상에서 잡다한 일들을 처리하고, 자신의 실수를 생각하느라 정신이 없다.

결국 P는 부담을 떨쳐냈다. 다시 공격적인 선택을 하기 시작했고 진짜 공격수다운 모습을 되찾았다.

어떤 감정을 선택해야 할까

나도 마찬가지였다. 내가 가장 피하고 싶은 감정은 '모욕감'이었다. 모욕감을 느끼지 않으려고 축구 게임인 '위닝'을 참 열심히 했었다. 대학 시절부터 지금까지 1등은 내 몫이었다. 그러다가 가끔 2등이나 3등으로 밀리면, 고작 축구 게임이지만, 엄청난 모욕감을 느꼈다. 그래서 위닝 모임이 있기 며칠 전이면 운동을 빼먹고 플스방에서 손끝을 날카롭게 다듬었다.

내가 가장 좋아하는 감정인 '성취감'을 위해서 어떤 선택을 해야 하는지는 분명했다. 위닝에서 이긴다고 성취감을 느끼진 못한다. 그저 1등을 지켰다는 안도감만 남을 뿐이다. 싫어하는 감정을 피하기 위한 방어적인 선택은 잘해야 0이고 실패하면 마이너스가 된다. 플러스 인생을 살리면 좋아하는 감정을 좇는 공격적인 선택을 해야 한다.

나는 성취감을 좇기로 했다. 성취감을 선택하면서 위닝 게임을 하는 횟수가 줄고 운동을 빼먹지 않게 됐다. 자연스럽게 만년 2위였던 회사 동기에게 1위 자리를 내줬다. 동기는 그동안 쌓였던 한풀이라도 하듯 나에게 모욕감을 줬다. 하지만 성취감을 선택했기에 이제는 그 모욕감을 견딜 수 있다. 이제 골(Goal)을 잘 넣진 못하지만 인생의 진짜 골(Goal)에 한 발 더 가까워졌다.

공격적인 선택 덕분에 코칭에서도 성취가 있었다. 그동안 멘탈에 대해 해 줄 말은 많아졌는데 강의하기는 늘 꺼려졌었다. 강의를 잘 마치고 나면 성취감을 느낄 수 있는데도, 혹시라도 반응이 미적지근했을 때 느낄 모욕감을 두려워했던 것이다. 내가 공격적 선택을 하지 않았음을 알아차렸다.

나는 바로 두 시간짜리 강의안을 만들어서 그 전에 제안이 있었던 야구 아카데미와 강의일정을 잡았다. 강의 후 몇몇 선수가 1:1 코칭을 요청했다.

이제는 기회가 될 때마다 강의를 한다. 모욕감을 두려워하고만 있었다면 어떠한 변화도 일어나지 않았을 것이다.

선택의 순간, 잠시 멈춰 서서 어떤 감정을 택할지 생각해 보자. 그렇지 않으면 싫어하는 감정을 피하기 위한 방어적 선택만을 하게 된다. 패배감을 피하려고 도전하지 못하고, 소외감을 느끼지 않으려고 즐겁지도 않은 모임에 참석하며, 미안한 마음을 갖기 싫어 온갖 부탁을 거절하지 못한다. 도전하고, 결단하고, 적당히 거절하자. 공격, 공격, 또 공격이다.

코칭 질문

당신이 좋아하는 감정은 무엇인가요? 반면에 견딜 수 없는 감정은 무엇인가요? 견딜 수 없는 감정을 피하려고 좋아하는 감정을 숨겨두고 있지 않나요?

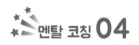
후회할 나와 마주치지 않는 법

"진민 대리, 그럼 나랑 대화가 안 돼. 비즈니스 본질에 관해서 얘기해야지. 내가 볼 때 자기는 아직 우리 고객이 누군지 몰라. 이번 주말에 매장 나가서 고객조사부터 다시 해 봐. 그리고 월간 실적 피드백 오늘 일곱 시까지 줘. 숫자 확인 잘하고."

월간 실적자료는 아무리 맞춰 봐도 숫자가 맞질 않았다. 어디서부터 잘못됐는지도 모를 숫자를 찾다가 8시를 훌쩍 넘겼다. 내일 오전까지 자료 작성을 완료하겠다는 메일을 남기고 회사를 빠져나왔다.

멘탈이 흔들거린다.

"팀장님은 비즈니스 본질에 대해서 아시나요? 아시면 명쾌하게 한 수 알려주시죠. 주말에 매장 나가서 고객조사 하면 대휴는 챙겨주실 건가요? 월간 실적 피드백은 팀장님이 하셔야 할 일인데 왜 저한테 시키세요?"

하고 싶은 온갖 말을 참아내려고 얼마 남지 않은 자제력을 다 써버렸다. 운동할 맛이 안 났다. 동네 친구를 불러 곱창에 소주나 한잔 마시고 싶었다.

모든 일이 잘 풀릴 때 멘탈은 아무 문제가 없다. 그럴 때는 누구나 순항한다. 문제는 예상치 못한 일이 생겼을 때다. 감정이 상하거나, 일정이 꼬이거나, 뭔가 내 맘대로 일이 돌아가지 않을 때, 멘탈이 약한 사람은 쉽게 자신을 놓아버린다. 그럴 땐 우선 판단을 보류하자. 그렇지 않으면 우리의 몸과 뇌는 즉각적인 보상을 찾아 움직인다.

멘탈이 강한 사람은 판단을 보류하고 질 높은 자기 대화를 나눈다. 자기와 대화함으로써 피해를 최소화하거나 오히려 득이 되게 전환한다. 부정적 감정을 뒤집는 것, 방어적 선택을 하고 있음을 인지하고 공격적 선택으로 나아가는 것이 모두 질 높은 자기 대화의 예이다. 딱 5분이면 된다. 5분만 멈춰 서서 자기와의 대화를 나눠 보자.

라킨의 질문

내가 그날 퇴근길에 시도한 첫 번째 자기 대화는 '라킨의 질문'이었다. '라킨의 질문'은 세계적 시간관리 전문가 앨런 라킨이 《시간을 지배하는 절대 법칙》에서 소개한 방법이다. 시간을 제대로 사용하고 있는지 분명하지 않거나, 짧은 시간에 대한 계획을 짤 때 '지금 시간을 가장 잘 사용하는 방법은 무엇인가?'라고 질문해 보는 것이다. 선택의 순간마다 빠르게 던져볼 수 있는 유용한 질문이다.[5]

라킨의 질문을 던져 보면 대부분 지금 무엇을 해야 하는지 즉각적으로 답할 수 있다. 이미 우리가 답을 알고 있기 때문이다. 하지만 질문해 보지 않으면 감정과 본능이 이끄는 대로 끌려가게 된다. 당시 라킨의 질문에 대해 내가 이미 알고 있던 답은 '체육관에 가서 30분이라도 운동한다'였다.

점수화하기

그런 선택 후에 그 선택에 따른 결과를 다음 쪽 표처럼 점수화해 봤다. 오늘 별일 없이 제시간에 퇴근해서 운동했다면 +1만큼 성장한다고 봤을 때, 술을 마시는 선택은 -2였다. 운동을 못 해서 0이고, 필요 이상의 칼로리를 섭취해서 -1, 다음 날 운동에 영향을 미치기 때문에 -2인 것이다. 운동할 기분이 아니고, 시간이 많지 않더라도 짧고 굵게 땀을 쏟는다면 +0.5는 성장할 수 있다.

이것은 꼭 운동뿐만 아니라 여러분이 하고자 했던 모든 일에 적용해 볼 수 있다. 순전히 주관적인 평가지만 이렇게 점수화해 보면 선

상황	점수
평소처럼 운동	+1
짧게라도 운동	+0.5
운동하지 않음	0
술을 마시면서 필요 이상의 칼로리를 섭취	−1
집에 늦게 들어가거나 과음으로 인해 다음 날 운동에 지장	−2

택에 따른 득과 실을 명확하게 인지할 수 있다.

나는 그 선택대로 친구에게 전화를 거는 대신 체육관으로 향했다. 지하철에서 간단하게 몸을 풀고 도착하자마자 30분 동안 스쿼트만 12세트를 했다. 허벅지가 터질 것 같았다. 나는 오늘 0.5만큼 나아갔고 2.5의 차이를 만들 수 있었다. 누구와의 차이일까? 내가 될 뻔했던, 후회로 고개 숙인 나와의 차이다.

〔 코칭 질문 〕

후회할 나 자신과 마주치지 않기 위해 지금 여러분의 시간을 가장 잘 사용하는 방법은 무엇인가요?

판돈
올리기

1월까지만 해도 북적이던 체육관이 텅 비었다. 아직 날이 쌀쌀하지만 체육관 관장님은 오늘도 전단지를 들고 나간다. 새해가 되면 누구나 시작을 시작한다. 하지만 아무나 완성할 수 있는 건 아니다.

나도 누구나처럼 시작은 했다. 20대 때의 나보다 좋은 몸을 만들어 자신감을 찾겠다고 결심한 지 석 달이 지났다. 한 달도 채우지 못했던 예전과 비교하면 그래도 여기까지 온 게 대견하다. 하지만 제대로 마무리할 수 있을지 모르겠다.

한 주에 네다섯 번 운동하는 데는 무리가 없다. 문제는 목표를 달성할 만큼 강도를 높이기 어렵다는 데 있었다. 회사와 코칭, 운동을 병행하기가 너무 고되다. 반드시 해야 하는 거라면 어떻게든 하겠지만 꼭 그렇지도 않았다. 안 하면 더 쉴 수 있고, 조금 더 즐길 수 있다.

미국의 변호사이자 베스트셀러 작가인 제임스 스콧 벨은 《소설 쓰기의 모든 것》에서 독자들이 이야기를 끝까지 읽고 싶게 만들려면 판돈을 올려야 한다고 말한다.

'달성해도 그만, 안 해도 그만인 목표를 가진 주인공에 관한 이야기는 지루하다. 주인공이 목표를 달성하지 못했을 때 잃을 것이 크면 클수록 독자는 이야기에 몰입한다.'[6]

판돈을 올릴수록 포기하지 않게 된다

퇴근 30분 전, 오늘도 체육관에 갈까 말까, 타협의 시간을 가졌다. 그러다 나를 인생이라는 소설 속 주인공이라고 생각하고 목표 달성에 실패했을 때 내가 무엇을 잃게 될지 적어 봤다.

나 자신에게 실망하는 것, 아내에게 포기하는 모습을 보여주는 것, 남은 체육관 회원권 보름 치.

이게 전부였다. 여기서 그만두더라도 크게 잃을 게 없었다. 나의 소설은 지루하고 밋밋했다. 나는 제임스 스콧 벨의 가르침대로 판돈을 올리고 조금 더 흥미로운 소설을 써 보기로 했다.

우선 목표를 달성했을 때 무엇을 얻을 수 있을지 적어 봤다. 그것을 얻을 수 있는 기회를 놓치는 것이 실패했을 때 치를 대가가 되기 때문이다. 운동을 다시 시작하기로 했을 때 얻고자 했던 바는 육체적으로 20대 때의 나를 뛰어넘는 체력과 자신감을 갖는 거였다. 여기에 두 가지를 추가했다.

'나 스스로 선수들에게 멘탈 모델이 될 수 있다.'

'셀프 코칭 성공경험은 멘탈 코치로서 코칭에 깊이를 더해줄 것이다.'

동기수준이 올라갔다. 하지만 당장 내 손에 잡히지 않는 것들이기에 판돈을 더 키울 필요가 있었다.

다음 날부터 내 목표를 주변 사람들에게 얘기했다. 페이스북과 인스타그램에도 내가 어떤 결심을 했는지 구구절절 써서 올렸다. 나는 그동안 크고 작은 목표를 세우면서 누구에게도 그 목표에 대해 말한 적이 없었다. 결심이 바뀔 수도 있고 실패할 가능성도 있어서다. 조용히 준비해서 성공한 뒤, 별거 아니라는 듯 툭 공개하고 싶은 마음이 컸다. 물론 그렇게 해서 성공한 적도 없지만 말이다.

하지만 이번엔 얘기가 다르다. 실패하면 나 자신과 아내에게만 실패자가 되지 않는다. 멘탈 코칭을 한다고 떠들어대고는 모두에게 '유리 멘탈'임을 입증하는 꼴이 되고 만다.

판돈이 크게 올라갔다. 더 올릴 수 없을까? 동네에서 최고 시설을 자랑하는 체육관 1년 치 회원권을 끊고 보충제 50만 원 어치를 주문했다.

뭐가 더 있을까? 나는 엄청난 패를 쥔 도박꾼처럼 판돈을 키워 갔다. 이왕 이렇게 된 거 바디 프로필까지 찍어 보자. 6개월을 목표로 잡고 촬영날짜를 잡은 뒤 계약금까지 입금했다. 판돈이 200배는 오른 듯했다. 그때부턴 죽을 수 없었다. 끝까지 가야 했다.

나의 멘탈 코칭 스승인 쯔게 요이치로 코치님은 "내가 코칭을 잘하게 된 이유는 그만두지 않아서다"라고 했다. 꾸준함이 실력을 보장하진 않는다. 하지만 실력 있는 사람 중에 꾸준하지 않은 사람은 없다.

간절히 원하는 목표가 있다면 판돈을 키워 보자. 절대 그만두지 못하도록.

코칭 질문

목표를 이루었을 때 무엇을 얻을 수 있나요? 반대로 실패했을 때 치러야 할 대가는 무엇인가요? 얻을 것과 잃을 것이 별로 없다면 판돈을 키워 보세요.

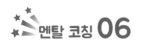

관성을
만드는
알파벳 Y

외부에서 힘이 가해지지 않는 한 모든 물체는 현재 상태를 유지하려는 성질을 가진다. 정지해 있는 물체는 계속 정지상태를 유지하려하고, 운동하던 물체는 같은 속도로 직선운동을 계속하려고 한다. 뉴턴의 제1법칙, 관성의 법칙에 관한 설명이다.

관성 때문에 정지해 있는 물체를 움직이는 데는 힘이 필요하다. 반면 움직이고 있는 물체는 작은 힘만 가해도 운동을 이어간다. 돛단배를 생각해 보자. 멈춰 있는 배를 움직이는 데는 많은 동력이 들어가지만 일단 움직이기 시작한 배는 약한 바람에도 힘 있게 나아간다.

사람의 행동에도 관성의 법칙이 작용한다. 어떤 일을 처음 시작하는 데는 여러 가지 에너지가 들어간다. 의지력, 자제력, 집중력과 같은 정신 에너지가 필요하고 체력과 같은 신체 에너지도 뒷받침돼야 한다. 하지만 행동에 관성이 붙기 시작하면 필요한 에너지는 점차 줄어들고 어느 순간 그 일을 멈추기가 어려워진다.

관성은 양날의 검이다. 생산적 방향으로 생긴 관성은 승리를, 비생산적 방향으로 생긴 관성은 패배를 가져온다. 관성이 생기기 시작한 초반에는 방향을 바꾸기가 비교적 쉽다. 하지만 관성이 커지기 시작하면 방향을 돌리는 데 어마어마한 에너지가 들어간다. 우리가 관성이 생기기 시작하는 첫 지점에서 각별한 주의를 기울여야 하는 이유다.

Y의 정중앙에서 관성의 방향 정하기

관성이 처음 생기는 지점을 알파벳 'Y'의 정중앙이라고 생각해 보자. 왼쪽 길은 비생산적 방향이고 오른쪽 길은 생산적 방향이다. 어느 쪽으로 가든 그 방향으로 관성이 붙기 시작한다. 시간이 지날수록 차이는 점점 벌어져 반대편으로 옮겨가기 어려워진다. 따라서 Y의 정중앙, 그 갈림길에서 내리는 작은 선택이 중요하다. 어느 쪽으로 한 발을 내디디느냐에 따라 걷잡을 수 없는 관성이 만들어지기 시작한다.

하기 싫지만 해야 하는 일을 할 때, '딱 10분만 진도를 빼자'라는 마음으로 일을 시작해 보자. 그러다 보면 관성이 붙는다. 머릿속에서 이어지는 생각과 몸의 리듬을 끊고 싶지 않아진다.

반면, '팀원들과 커피 한 잔만 하고 시작하자'라는 마음으로 사무실을 나가면 커피 한 잔으로 끝나는 경우는 없다. 잡담은 끊임없이 이어진다. 일의 기한은 점점 가까워져 오고 그럴수록 하기가 더 싫어진다. 결국 그 일은 또 내일로 미뤄지고 만다.

1시간 30분이 걸리는 퇴근길, 지하철에 타자마자 하는 작은 선택도 관성을 만든다. Y의 정중앙, '에버노트를 열고 어제 쓴 글의 초안을 다듬을까, 아니면 유튜브 영상 딱 하나만 보고 시작할까?' 작은 선택의 갈림길에서 어떤 선택을 하든, 선택한 것을 끝까지 하게 된다.

에버노트를 열었다면 하차할 때쯤 문장은 더 매끄러워져 있을 것이고, 얼른 집에 도착해서 한 챕터를 완벽하게 끝내고 싶은 의지가 생길 것이다. 그렇게 한 챕터를 완성해 내면 다음 날 출근길에는 어떤 선택을 하게 될까? 그날의 퇴근길은? 관성은 계속 그 일을 할 수 있는 힘을 만들어 준다.

만약 에버노트 대신 유튜브를 열고 '족발+막국수를 먹어 본 영국인들의 반응'을 보았다면? 아마 전철에서 내릴 때까지 온갖 것들에 대한 영국인들의 반응을 보다가 족발에 막국수를 야식으로 먹으며 하루를 마무리했을 가능성이 크다.

다음 날 출근길엔? 어제 지하철에서 보다 끊긴 '수능 영어문제를 풀어 본 영국 선생님의 반응'을 이어 보고, 관련 영상으로 뜬 '수능 금지곡 베스트 5'를 듣고는 온종일 중독적 멜로디를 흥얼거리게 되지 않을까? 관성은 그렇게 우리 시간을 잠식한다.

선택의 갈림길에서 항상 알파벳 'Y'를 생각하자. 우리에게는 해야 할 일에 먼저 한 발을 내디딜 정도의 멘탈만 있으면 된다. 일단 올바른 길로 진입하면 그다음은 관성이 우리를 목적지까지 쭉 밀어줄 것이다. 왼쪽 길을 선택한 '나'와 오른쪽 길을 선택한 '나'의 격차는 시간이 갈수록 벌어진다.

운동을 시작하고 초반에는 가다 서다를 반복했다. 퇴근 후 집과 체육관으로 가는 길목에서 망설이는 날이 많았다. 하지만 Y를 떠올리기로 한 뒤부터는 체육관 방향으로 한 걸음을 내디디는 작은 의지를 발휘하기 시작했다. 일단 체육관 쪽으로 발을 떼면 집과는 점점 멀어진다.

체육관에 도착하면 '그래도 여기까지 왔는데 깔짝대기라도 하자'라는 생각이 든다. 깔짝대다 보면 땀이 나고, 땀이 나기 시작하면 전투력이 올라간다. 그때부터는 운동을 끊을 수 없다. 이미 25세트를 넘겼는데 '한 세트만 더', '딱 한 세트만 더' 그러다가 어김없이 30세트를 넘기게 된다.

그렇게 작은 관성을 만들며 하루하루 운동을 이어가다 보니 어느 순간부터 체육관으로 발을 뻗는 데 힘이 들어가지 않았다. 오히려 운동을 못하는 상황이 더 힘들었다. 명절 연휴에 체육관 문을 닫으면 동네에 있는 평행봉과 철봉을 찾아다녔고 미친 듯이 학교 운동장을 달렸다.

우선은 하기 싫더라도 해야 할 일에 먼저 한 발을 뻗어 보자. 리모컨을 잡는 대신 책을 펴고, 소파에 눕는 대신 운동화 끈을 매어 보자. 잘 안 되더라도 '나는 지금 관성을 만드는 중이다'라는 생각으로 할 수 있는 만큼만 해 보는 것이다.

시험에 합격하고, 시합에서 승리하는 것은 모두 결과다. 결과는 내가 통제할 수 없다. 하지만 선택의 갈림길에서 해야 할 일에 발을 뻗는 정도의 의지를 발휘하는 것은 100% 나의 통제 아래 있다. 내가 통제할 수 있는 선택들이 모여 관성을 만들고, 그 관성이 결과를 만들어 낸다.

쿠키 세 개의 함정

관성을 따라 순항하다 잠시 멈칫하거나 역풍을 맞을 때가 있다. 다이어트를 예로 들어보자. 식단을 잘 지키고 운동량도 조금씩 늘려가고 있다. 처음에는 꿈쩍하지 않던 몸무게가 조금씩 떨어지기 시작한다.

식단과 운동에 관성이 붙기 시작하는데 눈앞에 맛있게 구워진 쿠키 세 개가 보인다. 몇 초간 갈등하다가 한 개 정도는 먹을 자격이 있다는 생각이 든다. 쿠키를 한 입 베어 물었다. 한 입만 먹을 수 없는 맛이다. 쿠키 한 개를 온전히 음미하고 나면 이제 반대의 힘이 작용한다.

'어차피 한 개 먹었으니 남은 두 개를 먹어 치우는 게 낫겠어.'

그리고는 남은 쿠키 두 개를 깔끔하게 먹어 치운다. 쿠키 세 개를 다 먹고 나면 '이제 망했네'라는 생각이 들면서 자신을 놓아 버리게 된다. 심리학에서는 이를 '절제위반 효과' 또는 '쿠키 세 개의 함정'이라고 부른다.[7]

실수했거나 인내심이 조금 무너졌을 때 정신 차리고 다시 돛대를 붙들어야 한다. '쿠키 한 개는 앞으로 가는 속도를 느리게 만든 것뿐이다. 두 개를 먹으면 멈추게 된다. 세 개를 먹으면 뒤로 가는 관성이 생긴다'라는 생각을 하면 쿠키 세 개의 함정에 빠지지 않을 수 있다. 뒤로 가고 있는 배를 앞으로 가게 하려면 훨씬 많은 힘이 필요하다.

어느 날 야근으로 체육관에 가지 못했다. 팀원이 당 떨어진다며 과자를 사 왔다. 참아야 했지만 하필 과자가 새로 나온 꼬북칩이었다. 맛이나 한 번 보자는 생각에 몇 개 집어 먹다 보니 어느새 한 봉지를 다 먹어 버렸다. 뭔가 망쳐버린 기분이었다. 어차피 운동도 못 가게 됐고 먹지 말아야 할 과자도 먹어 버렸으니 퇴근길에 팀원들과 술이나 한 잔 하고 싶었다.

하지만 더는 쿠키를 집어 먹지 않기로 했다. 운동을 못 하고 과자를 몇 개 집어 먹은 것은 쿠키 한 개를 먹은 것에 불과하다. 술을 마시면 쿠키 두 개를 집어 먹은 것이고, 술자리가 늦게까지 이어져 다음 날 운동에 지장을 준다면 쿠키 세 개를 전부 먹어 버리는 꼴이 된다.

나는 쿠키 한 개마저 지워 버리기 위해 집 앞 공원에서 풀업(턱걸이) 7세트를 하고 15층까지 걸어 올라갔다. 집에 도착해서는 원래 식단대로 닭가슴살과 고구마를 삶아 먹었다. 그렇게 함정에서 빠져나왔다. 작은 위기는 있었지만 나는 여전히 관성의 힘으로 순항하고 있다.

> **코칭 질문**
>
> 지난 일주일간 Y의 정중앙에서 내린 선택을 끝까지 지속하게 된 일이 있었나요? 삶 전체를 돌이켜 봤을 때 나는 어떤 방향으로 관성을 만들어 왔고 어디로 나아가고 있나요?
>
> 질량이 클수록 관성은 강해집니다. 한 번 움직이기 시작한 볼링공은 배구공보다 멈추기가 어렵죠. 소파에 눕는 대신 운동화 끈을 매는 것은 질량이 작은 행동이지만 삶이 가진 질량의 크기는 어마어마합니다. 삶 전체가 혹은 삶의 일부가 잘못된 방향으로 나아가고 있다면 속도를 늦출 수 있는 'Y'의 순간을 적어 보세요. 서서히 속도를 늦추고, 완벽하게 멈춘 다음, 원하는 방향으로 관성을 만들어 갈 수 있습니다.

It's
not
my fault

감사하게도 회사 경영자 양성반에 뽑혀 1년간 경영자 교육을 받은 적이 있다. 경영자 양성반에는 K라는 상징적인 존재가 있었는데 그룹 전체의 핵심 프로젝트를 관리하고 경영자 양성을 책임지는 핵심 인물이었다. 각 사업부에서 뽑힌 20명의 인원은 2주에 한 번씩 해당 사업부 대표, 인사팀장과 함께 K를 만나 각자가 진행하는 프로젝트를 점검받았다.

프로젝트 점검이 있던 어느 날, 나는 두 가지 보고자료를 깔끔하게 출력해 갔다. 내 차례가 왔고, 보고에 앞서 첫 번째 자료를 한 부씩 나눠 드렸다. 웬일인지 K는 자료를 받지 않겠다고 했다. 나는 사업부

대표님과 인사팀장님에게만 자료를 드리고 보고를 시작했다. 문제는 보고 중간에 두 번째 자료를 드렸을 때 터졌다. K는 분노했다.

"자료 안 본다니까! 내가 안 본다고 한 게 장난인 것 같냐?"

K는 자료를 집어 던졌다. 나는 당황했다. 내가 아무 대답도 하지 않고 서 있자 K는 또다시 물었다.

"장난인 것 같냐고 이 새끼야!"

분위기는 순식간에 얼어붙었다. 적막 가운데 서로의 눈치가 오갔다. 잠시 후 나는 다시 입을 떼어 내가 준비한 보고를 담담하게 이어나갔다.

그날도 퇴근 후 운동을 했다. 가슴, 어깨를 야무지게 조지고 사이클을 30분 탔다. 운동을 마치고 집에 가는 길에 경영자반 동기에게서 전화가 왔다.

"오늘도 운동 갔어? 멘탈 괜찮아?"

"아무렇지도 않은데?"

나는 정말 아무렇지도 않았다.

내 잘못이 아니라면 힘들어 할 필요가 없다

영화 《굿 윌 헌팅》에는 상처 많은 어린 시절을 보낸 삐뚤어진 천재 '윌'이 나온다. 그는 MIT에서 청소부로 일하던 중 수학과 교수 '램보'가 복도 칠판에 적어둔 문제를 1초의 망설임도 없이 풀어낸

48

다. 램보는 수학과 교수들도 쩔쩔매는 문제를 풀어낸 윌을 찾아내어 두 가지 제안을 한다.

하나는 매주 자신을 만나 더 어려운 수리 조합과 유리 수학을 공부할 것, 다른 하나는 정신과 상담을 받는 것이었다.

정신과 상담이 내키지 않았던 윌은 제안을 받아들인 뒤 자신이 가진 해박한 지식으로 상담사들을 농락한다. 상담사들은 하루도 버티지 못하고 전부 나가떨어졌지만 램보는 100년에 한 번 나올까 말까 한 천재를 그렇게 포기할 수 없었다.

결국 램보는 자신의 대학 동기이자 과거에 앙숙이었던 심리학과 교수 '숀'에게 윌을 맡긴다. 윌은 이번에도 역시 같은 행동을 반복한다. 하지만 숀은 미묘한 심리기술과 통찰로 윌의 마음을 열기 시작하고, 윌은 조금씩 자신의 속 이야기를 털어놓는다. 윌의 마음속 벽을 어느 정도 허물었다고 생각한 숀은 윌을 보며 이렇게 말한다.

"Will, It's not your fault."

어린 시절에 겪었던 고난과 아픔은 너의 잘못이 아니니 과거에 얽매여 재능을 낭비하지 말고 남은 인생도 망치지 말라는 의미였다. 윌이 대답했다.

"I know."

"It's not your fault."

윌은 다시 한 번 알고 있다고 말하지만 숀은 계속 같은 말을 반복한다.

"It's not your fault. It's not your fault. It's not your fault."

숀이 '너의 잘못이 아니야'라는 말을 반복할수록 윌의 눈시울은 붉어지고, 이내 웅어리졌던 모든 것을 쏟아내기라도 하듯 숀을 끌어 안고 울음을 터뜨린다.

K가 보인 기괴한 반응에도 불구하고 내가 담담히 보고를 마치고 평소와 똑같이 운동할 수 있었던 이유는, 서로의 눈치가 오갔던 정적의 순간 내 마음속에 떠오른 한 문장 덕분이었다.

"It's not my fault."

내 잘못이 아니었다. 나는 이해를 돕기 위해 자료를 준비했고 그것은 상사에 대한 배려와 예의였다. 잘못은 누구도 이해할 수 없는 분노를 보인 K에게 있었다. K는 나뿐만 아니라 그 자리에 있었던 모두에게 사과해야 한다. 직급이 높다는 이유로 비이성적인 행동이 정당화될 수는 없다. 나는 내 잘못도 아닌 일 때문에 힘들게 준비한 보고를 망치고 남은 하루까지 날려 버리기 싫었다.

그 사건 이후 오히려 K를 대하는 마음이 편해졌다. 존경과 두려움의 대상이었던 K가 투정 많은 어린아이로 보이기 시작했다. 늘 가벼운 마음으로 보고를 준비했다. 잘 보이기 위한 프로젝트가 아닌, 작더라도 정말 필요한 과제들을 해결해 나갔다.

나에 대한 K의 평가는 안 좋아졌지만 아이러니하게도 브랜드 매출은 꾸준히 개선됐다. 회사생활을 통틀어 가장 많이 배우고 몰입했던 시간이었다.

우리 마음을 힘들게 하는 순간이 있다. 멘탈이라는 돛을 붙들고 순항하다가도 그런 순간이 오면 돛을 놓아버리고 싶다.

마음을 힘들게 하는 상황이 내 잘못에서 비롯된 것이라면 잘못을 인정하고 반성하자. 만약 다른 사람까지 힘들게 했다면 진심으로 사과를 건네야 한다. 나의 마음속에도, 상대방 마음속에도 찌꺼기를 남기지 않아야 현재에 진하게 몰입할 수 있다.

하지만 그것이 나의 잘못이 아니라면 그것 때문에 힘들어 할 필요가 없다. 내 잘못도 아닌 일 때문에 마음을 무너뜨리는 어리석은 짓을 해서는 안 된다. 조금 불편하겠지만 그런 일은 마음속에 묻어두고 내가 해야 할 일과 할 수 있는 일을 바라보며 담담하게 나아가자.

코칭 질문

자신의 잘못도 아닌 일이 현재와 미래에 영향을 미치고 있지 않나요? 여러분의 잘못이 아닌 일 때문에 단 1분이라도 '진짜 삶'을 잃어버리지 마세요. 당신의 잘못이 아닙니다.

'It's not your fault.'

결과가
달라지는
두 가지 목표

20대 초반의 운동과 30대 중반의 운동은 다르다. 스물세 살에 운동할 때는 하루 다섯 시간만 자고 밤새 술을 마셔도 운동을 할수록 하루가 다르게 몸이 커져 갔다. 반면 지금은 금주하고 매일 운동을 해도 밑 빠진 독에 물 붓는 느낌이다. 그나마 처음에는 괜찮았는데 점점 변화가 더뎠다. 한계가 느껴졌다.

나보다 나이가 많은데도 괴물 같은 몸을 유지하고 있는 형을 만났다. 인스타그램을 보면서 '좋아요'만 누르다가 그 비법이 궁금해 먼저 만나자 청했다. 형이 운동하는 체육관에서 어깨와 팔 운동을 같이하고 저녁을 먹기로 했다.

8년 만에 만난 형은 사진보다 훨씬 컸다. 나는 형의 몸 이곳저곳을 만지면서 오랜만에 만난 어색함을 깼다. 몇 마디 안부를 주고받고 형의 리드로 운동을 시작했다.

초반부터 형의 페이스를 따라가기 버거웠다. 쉬는 시간이 너무 짧게 느껴졌다. 어깨 운동만 28세트가 넘어가고 운동시간도 한 시간을 훌쩍 넘겨서 팔 운동은 안 하겠다 싶었는데 예상은 완전히 빗나갔다. 어깨 30세트를 꽉 채운 뒤 팔 운동이 새로 시작됐다.

내가 그만하자고 안 했으면 웨이트 트레이닝만 두 시간을 넘겼을 것이다. 복근으로 마무리하자는 형에게 난 여기까지라고 말했다. 형은 체육관 구석으로 가서 기어코 복근까지 짜냈다. 어마어마한 수행능력이라 생각했다. 나는 그 비법이 더 궁금해졌다. 우리는 샤워를 마친 뒤 고깃집으로 자리를 옮겼다.

나는 형에게 지금 몸상태가 '밑 빠진 독'같다고 얘기했다. 그러면서 어떻게 형은 늦은 나이에 이렇게까지 몸을 만들 수 있었는지 물었다.

"맞았지."

형은 입안에 쌈을 욱여넣으며 대수롭지 않게 얘기했다. '맞았다는 것은 아나볼릭 스테로이드*를 말하는 것인가?' 그리고는 더 대수롭

---

* 남성 호르몬제 역할을 하고, 생리적으로 단백질 합성을 자극해 근육의 성장을 촉진한다. 스포츠계에서는 공정한 경쟁을 방해한다는 이유와 심각한 의학적 부작용 때문에 금지약물로 지정돼, 적발 시 도핑으로 처벌받는 대표적인 금지약물

지 않게 말했다.

"도와줘?"

'도와준다는 것은 나한테도 약을 구해주겠다는 말인가?' 나는 의중을 알면서도 이런 공개적인 장소에서 아무렇지도 않게 '약' 이야기가 나와 당황했다.

"요새 인스타그램에 몸 좋은 사람들이 왜 그렇게 넘쳐나는 줄 알아?"

형은 상추를 툭툭 털며 말을 이었다.

"너 예전에 운동할 때만 해도 싸이월드에 그런 사람들 있었어? 그때 수영장 가면 몸 좋은 사람도 별로 없었지? 근데 지금은 널리고 널렸어. 왜 그런 줄 알아? 이게 일반인들도 쉽게 구할 수 있을 만큼 범용화됐거든. 주사로도 맞고 약으로도 먹고, 종류도 엄청 많아. 그러니까 다 몸짱이야. 넘쳐나는 몸짱들 소화하려고 피트니스 대회도 수십 개 생기고 그러는 거라고."

"약 쓰는 사람들이 그렇게 많아요?"

"시합 나오는 사람 열 명 중 아홉 명이 한다고 보면 돼. 대 놓고 쓰거나, 안 걸리게 쓰거나, 쓰다가 잠깐 끊었거나."

"도핑검사 안 해요?"

"공식적인 큰 대회 말고는 안 해."

"그래도 그거 부작용 있잖아요."

"있지, 건강보다 더 중요한 가치가 있으니까 감수하는 거야. 나도 그렇고."

"약 쓰면 정말 달라져요?"

"이거 맞는 순간 다른 차원으로 넘어가는 거야. 지치지 않고 계속할 수 있어. 부작용 감수한 만큼 운동도 더 열심히 하게 돼 있고, 몸이 달라지는 게 보이니까 빠져들지. 내가 느끼는 체감효과는 다섯 배 정도."

충격적이면서도 솔깃했다. 밑 빠진 독을 메우고 물을 가득 채울 수 있는 가장 확실한 방법인 듯했다. 하지만 본질을 생각하니 마음이 금방 정리됐다.

성장목표 vs 증명목표

목표에는 성장목표와 증명목표가 있다. '성장목표'는 목표를 달성함으로써 자신을 성장시킬 수 있는 목표다. 목표 자체가 성장에 맞춰져 있기 때문에 목표하는 바를 100% 달성하지 못하더라도 노력한 만큼 성장할 수 있다.

반면 '증명목표'는 다른 사람에게 자신을 증명하고자 하는 목표다. 증명목표에 집착하면 편법을 쓰게 될 수 있고, 목표를 달성하지 못할 경우 그동안 들인 시간과 노력은 물거품이 된다. 설사 목표를 달성한다고 해도 성장하지 못하거나 달성효과가 일시적인 경우가 대부분이다.[8]

예를 들어 10kg을 한 달 만에 감량하겠다는 목표는 증명목표에 가깝다. 지방이 아닌 수분을 빼거나 굶는 다이어트로 근손실이 생기더라도 체중은 줄어든다.

목표를 달성하기 위해 지방흡입 같은 수술을 받을 수도 있다. 하지만 이는 목표 달성을 통해 개인적 성장을 이뤘다고 보기 어렵다. 그저 목표체중을 한 번 찍어 본 것에 불과하다. 그렇게 무리해서 감량한 체중은 목표 달성 이후 빠르게 제자리로 돌아온다.

성장하고 싶다면 체중이 아닌 체지방 감량을 목표로 두고, 생활습관을 고치거나, 꾸준히 즐길 수 있는 운동을 마스터하겠다는 계획을 세우는 것이 좋다.

성장과 증명의 관점으로 봤을 때, 형의 도움을 받는다면 남들에게 나를 확실하게 증명할 수 있겠지만 진정으로 성장할 수는 없다.

형이 내린 선택을 나쁘게 생각하지는 않는다. 형이 말했듯 그것은 개인에게 중요한 가치와 선택의 문제다. 내가 운동을 다시 시작한 이유는 육체적, 정신적으로 20대 때의 나를 뛰어넘어 더욱 '성장'하기 위해서다. 밑 빠진 독에 물 붓는 기분이지만 멘탈로 밑을 메꾸는 경험이 내게 필요한 전부다. 도움이 필요하면 언제든지 말하라는 형에게 나는 말했다.

"형, 부족하지만 저는 멘탈로 가볼게요."

형의 얘기를 듣고 나니 SNS 속 그들과 비교하며 의기소침했던 마음이 깨끗하게 사라졌다. 아나볼릭 상태(동화작용 : 신체가 운동, 휴식, 영양을 통해 근육 발달에 적합한 상태가 되는 것)를 만드는 것은 주삿바늘

56

이 아니라 목표와 결의, 철저한 피드백 그리고 내 삶에 대한 애착이다. 복싱 헤비급 세계 챔피언 에반더 홀리필드는 이렇게 말했다.

"중요한 것은 육체적 크기가 아니라 그 사람이 가지고 있는 마음의 크기이다."

코칭 질문

지금 '성장'하기 위해 노력하고 있나요, 아니면 '증명'하기 위해 노력하고 있나요? 증명목표를 위한 노력이 성장목표를 위한 노력보다 가치가 없거나 덜 힘들지는 않습니다. 하지만 기왕 노력할 거라면 성장에 집중해 보세요. 증명하는 삶의 여정은 언젠가 벽에 부딪히게 됩니다.

감사라는 기술

여섯 시간 반 숙면에 감사합니다. 등과 이두 근통증에 감사합니다. 머리 세팅 잘 된 것에 감사합니다. 미세먼지 없는 날씨에 감사합니다.

출근길 지하철에서 좋은 자리에 서서 갈 수 있음에 감사합니다. 주간 회의 취소된 것에 감사합니다. 동일매장 성장률 3.7% 개선된 것에 감사합니다. 동기들과의 즐거운 점심식사에 감사합니다. 광고팀에서 시안 하루 일찍 완성해줬음에 감사합니다. 한 시간 야근했지만 할 일 모두 끝내고 나옴에 감사합니다. 퇴근길 지하철에서 앉아서 갈 수 있음에 감사합니다. 덕분에 20분 정도 쉴 수 있었음에 감사합니다.

체육관에 사람이 많지 않음에 감사합니다. 덤벨 체스트 프레스(벤치에 누워서 덤벨을 드는 가슴운동) 2kg 증량, 케이블 크로스 오버(케이블 머신을 이용한 가슴운동) 5 lbs 증량에 감사합니다. 엘리베이터가 기다리고 있었음에 감사합니다. 토요일 코칭 일정 오전으로 당겨졌음에 감사합니다. 금방 잠들었음에 감사합니다.

나는 하루도 빠지지 않고 '감사일기'를 쓴다. 일기라기 보다는 감사한 일 하나하나를 나열한다. 감사한 일이 있을 때마다 스마트폰 메모장에 적고, 매일 저녁 하루 치 감사를 FLAT폼에 옮겨 적는다(FLAT폼에 대해서는 '멘탈 코칭 37' 참조).

나는 감사일기를 쓰면서 아주 작은 일에도 감사할 줄 알게 됐다. 회사에 도착하기도 전에 이미 대여섯 번의 감사함을 느끼고, 매일 따뜻한 마음으로 하루를 시작한다.

감사한 마음은 한 번으로 끝나지 않는다. 나는 감사로 인한 기분 좋은 감정을 네 번이나 누린다. 감사한 것을 발견했을 때 한 번, 스마트폰에 적으면서 한 번, FLAT폼에 옮겨 쓸 때 한 번, 월말에 한 달 치 FLAT폼을 읽으면서 또 한 번. 하루 20여 개씩 쌓이는 감사를 곰탕처럼 우려낸다. 그럴수록 진하고 따뜻한 감정이 삶 전체에 배어든다.

불행을 지워내는 감사의 힘

스콧 월하이트는 《일상의 행복을 위한 7가지 핵심기술》에서 '감사와 불행을 동시에 느낄 수는 없다'라고 말했다. 사람의 심리 에너지는 한정돼 있어서 동시에 여러 곳에 집중하지 못한다. 내가 감사에 포커스를 맞추는 한 불행은 보이지 않거나, 보이더라도 금방 잊힌다.

감사일기를 쓴 지 3년이 지난 지금, 나는 지난 3년간 불행했거나 불운했던 일들을 잘 기억하지 못한다. 반면에 3년 전 겨울, 버스에서 천 원짜리 한 장을 주워서 붕어빵 세 마리를 사 먹었던 일은 당시 기분과 버스 번호까지 또렷이 기억할 수 있다.

나의 감사기술은 나날이 발전하고 있다. 감사표현이 훨씬 풍성해졌다. 예전에는 '여섯 시간 반 숙면에 감사합니다'라고 간략하게 적었다면, 이제는 '한 번도 깨지 않고 여섯 시간 반 동안 꿀잠. 오늘도 완벽한 하루를 만들 수 있는 에너지를 충전했음에 감사합니다'와 같이 적는다. 감사함을 더욱더 생생하게 느낄 수 있다.

지금 잠시 책 읽기를 멈추고 최근 일주일 동안 감사했던 일 3가지를 떠올려 보라. 최근 좋지 않은 일을 겪었다면, 그럼에도 불구하고 감사한 일 세 가지를 뽑아 보자. 기분이 한결 나아질 것이다.

오직 인간만이 생각만으로 행복해질 수도 불행해질 수도 있는 존재다. 감사의 힘을 진정으로 알게 되면 그저 앉을 수 있는 의자가 있음에 감사하고, 꿈이 있음에 감사하고, 이렇게 살아서 세상을 느낄 수 있음에 감사하게 된다.

나는 코칭하는 선수들에게도 감사일기를 쓰게 한다. 처음에는 애

들처럼 그런 걸 왜 쓰냐고 하는 선수도 있다. 하지만 감사라는 기술의 힘을 느끼고 나면 하루라도 안 쓰고 지나가는 일이 없어진다. 감사가 행복한 감정뿐만 아니라 경기력까지 끌어올려 주기 때문이다.

감사가 경기력을 높이는 이유는 간단하다. 감사는 긍정적 감정상태를 만들어 주고, 긍정적 감정상태는 인지능력을 높여 준다. 슬럼프에 빠졌거나 부상을 당했을 때도 그 상황에서 벗어나기 위한 조치를 취하려는 의지가 강해진다. (감사한 것을 생각하면 뇌의 전방대상피질에서 세로토닌 생성을 늘리는데, 세로토닌이 제 기능을 못 하는 사람일수록 상황이나 운명을 체념적으로 받아들이는 경향이 크다.[9]) 감사는 모두가 익혀야 할 최고의 기술 중 하나이다.

감사할 줄 모르는 사람

몇 달 전, 골프선수 J를 만났다. 그의 부모님은 J가 즐겁고 평온한 마음으로 골프 하길 원했다. 성격이 유별나고 다혈질인데 골프를 칠 때도 성격이 그대로 드러난다며 나에게 만나 볼 것을 부탁했다. J는 나와의 첫 만남이 불편한 듯 눈도 마주치지 않은 채 스마트폰만 만지작거렸다.

"한 20분이면 되나요? 제가 약속이 있어서 짧게 하고 싶은데…"

"20분 만에 도움을 드릴 만큼 제 실력이 좋지 않아요. 내키지 않으면 지금 일어나셔도 됩니다."

잠시 정적이 흘렀다.

"안 가실 거면 한 시간만 얘기 나눠요. 오늘 나눴던 대화가 도움이 됐다고 생각하면 다음에 또 보는 거로 하고, 아니면 더 안 오셔도 됩니다."

그렇게 코칭이 시작됐다. J는 부정적이고 입이 거칠었다. 첫 만남임에도 거리낌 없이 비속어를 사용했다. 나는 그의 주변에 항상 불평불만하고, 욕하고, 짜증을 내고, 운이 없다고 말하는 부정적인 사람이 있는지를 물었다. J는 한 명 있다고 했다. 그 사람과 같이 있으면 기분이 어떠냐고 물으니, J는 자신까지 기분이 X 같아진다고 말했다. 나는 이어 물었다.

"삶에서 가장 많은 대화를 나누는 사람이 누군가요?"

"다행히 그 새끼는 아니에요."

"그럼 누구예요?"

"여자친구죠."

"아닐 거예요."

"그럼 스윙 코치님이요."

"아니요. J 씨가 가장 많은 대화를 하는 사람은 J 씨 자신입니다."

"..."

"자신이 하는 말과 생각이 자기 기분을 망치게 됩니다."

다시 정적이 흘렀다.

"말과 생각을 바꿔 보세요. 그러면 좋아하는 골프를 더 잘하게 될 거예요."

"어떻게 바꿔요?"

"감사정신을 만들어 보세요. 감사에 집중할 때 생기는 긍정적인 감정이 생각과 행동을 바꾸는 첫 번째 단계입니다."

J에게 골프를 하면서 가장 감사했던 일 세 가지를 떠올려 보라고 했다. J는 떠올렸다고 했지만 말은 하지 않았다. 나는 내가 쓰고 있는 감사일기를 보여 주고 그것이 내 삶에 어떤 영향을 미치고 있는지, 다른 선수들을 어떻게 변화시켰는지 설명했다. 그리고 매일 스마트폰 메모장에 짧은 감사일기를 써 보자고 했다.

"감사 일기요?"

J는 황당하다는 듯 되물었다.

"감사하는 기술을 익히면 최소 세 타는 줄일 수 있어요."

약속한 한 시간이 지나갔다. J는 감사하는 마음을 갖겠다고 했다. 그리고 자리에서 일어나며 말했다.

"근데 일기는 좀 오버인 것 같아요."

J와는 그것이 마지막이었다.

수학 성적이 같은 두 그룹의 학생들에게 같은 수학 문제를 풀게 하였다. 다만 시험을 보기 전 10분 동안 A그룹 학생들에게는 일주일 동안 자신을 기분 나쁘게 하고, 짜증나게 하고, 화나게 하는 일들 5가지를 적어보게 하였고 B그룹 학생들에게는 자신을 기분 좋게 하고, 행복하게 하고, 웃음 나게 했던 일들 5가지를 적어보게 했다. 시험 결과 A그룹의 평균 점수는 73.5점, B그룹의 평균 점수는 78.6점이었다. 단 10분의 생각이 평균 5점의 차이를 만든 것이다.

마음 상태에 따라 똑같은 문제가 쉬워지기도 하고, 어려워지기도 한다. 감정의 뇌라고 불리는 변연계는 이성을 관장하는 전두엽 아래, 기억의 뇌라고 불리는 해마 바로 옆에 자리잡고 있다. 각각의 뇌는 서로에게 영향을 미쳐 감정의 뇌가 활성화되면 이성과 기억의 뇌도 활성화된다. 즐거운 기분일 때는 동기가 향상되고 전두엽 전체 활동이 활발해지지만, 부정적 감정일 때는 동기유발의 뇌와 기억의 뇌까지 둔해지고 만다. 연세대학교 김주환 교수는 "아무리 머리 좋은 유전자를 타고난 학생도 지속해서 스트레스에 노출돼서 분노, 짜증, 두려움, 증오심을 느끼게 되면 공부를 못할 수밖에 없다"고 말했다.

– EBS 다큐프라임, 〈공부 못하는 아이, 마음을 망치면 공부도 망친다〉

감사할 줄 아는 사람

C의 경기를 보기 위해 오랜만에 농구장을 찾았다. 경기 내내 C의 움직임은 뭉쳐 있었다. 팀은 졌고 C는 벤치에 앉아 있는 시간이 더 많았다. 그날 저녁 C를 만나 플레이가 뭉쳐 있다는 느낌을 받았다고 말했다.

"뭉쳐 있다는 게 무슨 뜻이에요?"

"굳이 풀어서 설명하자면 몸이 경직됐고, 주저했고, 넓게 보지 못했어요. 그것 때문에 흐름이 끊기는 경기장면이 많았어요. 전이랑 비교하면 뒤꿈치가 열 배는 무거워진 사람 같았다고 할까? 왜 그렇게 보였는지 설명할 수 있겠어요?"

C는 키가 2m에 가까운 센터다. 한 달 전, 팀 내 연습경기에서 자신보다 키가 15cm나 작은 포워드 P에게 치욕적인 블로킹(상대의 슛을 손으로 쳐내는 것)을 당한 것이 악순환의 시작이었다. P는 블로킹에 성공하고 축구선수가 골을 넣고 할 법한 세레머니로 C를 약 올렸다.

그 후로 C는 P를 향한 증오에 사로잡혔다. 소속팀끼리 팀을 나눠서 하는 연습경기에서도 P에게 당한 블로킹을 그대로 복수하는 데 집착했다. 그 때문에 부족한 부분에 집중해 실전처럼 연습해 볼 기회를 날려 버렸다.

다른 팀과의 경기에서도 같은 팀원인 P가 슛을 쏠 때 속으로 '노골, 노골'을 중얼거렸다. P의 슛이 안 들어갈 상황에 대비해 리바운드 위치를 잡고, 리바운드를 따내면 어떻게 패스해 줄지 주변을 미리 살펴야 하지만 제자리에 서서 공만 바라봤다. 부정적 감정이 인지능력을 협소하게 만든 것이다. 판단력과 창의성도 함께 죽어 버렸다.

나는 C에게 부정적 감정이 뇌와 몸에 어떤 영향을 미치는지 설명하고 나서 P에 대한 나쁜 감정을 내려놓자고 했다.

"내려 놓을게요. 근데 지금부터 내려 놓는다고 해서 감정이 바로 사라지진 안잖아요."

나는 감사일기를 쓰자고 했다.

"감사에 집중하면 그런 사소한 감정은 금방 사라집니다. 감사일기에는 P에 대한 감사를 매일 하나 이상 넣어 주세요."

나는 매일 카톡으로 C의 감사일기를 공유 받았다. 처음에는 두세 개 남짓 보내던 감사가 2주쯤 지나니 하루 열 개가 넘어갔다.

운동에 필요한 옷과 신발이 있음에 감사했고, 맛있게 먹은 식사에 감사했고, 부상이 없음에 감사했고, 확고한 목표가 있음에 감사했고, 감사할 줄 알게 됐음에 감사했다.

P에게 내준 패스가 득점으로 많이 연결돼 어시스트 기록이 늘어남에 감사했고, P에 대한 증오가 옅어지고 있음에도 감사했다. C는 감사라는 기술을 익혀가고 있었다.

한 달쯤 지나고 나서 다시 C의 경기를 보러 갔다. 그는 달라져 있었다. 뭉침 없이 부드러웠다. 시야가 넓어졌고 빠르게 반응했다. 골밑 박스아웃과 P를 위한 스크린 플레이까지 아주 든든했다. 마치 곰의 몸을 한 표범 같았다.

3쿼터를 마치고 벤치로 돌아오면서 관중석에 앉아있는 나와 눈이 마주쳤다. 그는 나를 보고 씩 웃어 보였다. 참으로 감사한 일이다.

코칭 질문

최근 일주일 동안 감사했던 일 다섯 가지는 무엇인가요? 감사를 떠올리기 전과 후의 기분은 어떻게 달라졌나요? 만약 매일 20개의 감사를 적는다면 인생은 얼마나 달라질까요?

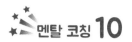

단 하나의 원칙

먹고, 자고, 입고, 생각하고 행동하는 모든 방식이 운동에 맞춰지고 있었다. 《터닝 프로》의 저자 스티븐 프레스필드는 이렇게 말했다.

"우리가 프로가 되면, 일어나는 시간이 달라지고, 자는 시간이 달라진다. 하는 행동이 달라지고, 하지 않는 행동이 달라진다. 참여하는 활동이 달라지고, 그러한 활동에서 우리가 취하는 태도가 달라진다. 읽는 것이 달라지고, 먹는 것이 달라진다. 더불어 몸매도 달라진다. 우리가 아마추어였을 때, 우리의 삶은 드라마였고, 부정의 연속이었고, 주의를 흐트러뜨리는 것들 천지였다. 우리의 나날은 터지기 일보 직전까지, 그리고 못 견딜 정도로 꽉 차 있으면서 동시에 텅 비어 있었다."

나는 프로는 아니지만 마인드만큼은 프로로 거듭나고 있었다. 운동에 맞춰진 생활 루틴 덕분에 매일 좋은 컨디션으로 운동에 임했다.

하지만 내가 통제할 수 없는 상황 때문에 루틴이 깨져 운동이 잘 안 되는 날도 있었다. 전날 잠을 설쳤거나, 일이 바빠 운동 전 식사를 못 챙겨 먹었거나, 업무 스트레스가 진을 빼놓은 경우 등이다. 가끔은 루틴이 깨지지 않았음에도 유난히 힘이 없고 하기 싫은 날도 있었다.

어떤 경우에도 양보할 수 없는 원칙

하지만 나는 무슨 일이 있어도 운동을 거르지 않았다. '무조건 매일 한다'라는 원칙을 세워놨기 때문이다. 이 원칙은 어떤 경우에도 양보할 수 없는 '단 하나의 원칙'이다.

단순히 컨디션이 안 좋다는 이유로 원칙이 깨지기 시작하면 컨디션 관리에 무책임해진다. 무조건 한다는 원칙을 세워 놓으면 어떻게든 운동할 컨디션을 맞추기 위해 하루의 나머지 부분을 조절하게 된다. 스티븐 프레스필드가 말한 것처럼 자는 시간이 바뀌고, 하는 행동이 바뀌고, 참여하는 활동과 태도가 바뀌고, 읽는 것과 먹는 것이 바뀐다.

그러한 생활이 반복되면 몸과 무의식도 매일 그 시간에 맞춰 운동 준비를 마친다. '무조건'이라는 전제가 중요하다. 무조건이라는 전제가 붙지 않으면 '2보 전진을 위한 1보 후퇴'라든가 '융통성'이라든가 '나를 위한 보상' 따위의 표현을 써 가며 온갖 안 해도 되는 이유를 갖다 붙이게 된다. 원칙을 깨고 술을 마시거나, 게임을 하거나, 집에 누워 TV를 본다면 원칙과 반대되는 방향으로 관성이 생길 수 있고, '쿠키 세 개의 함정(44쪽 내용 참조)'에 빠질 위험도 크다.

원칙을 지키기 위해서는 원칙이 깨질 수 있는 모든 상황을 예측하고 그 상황에서 어떤 행동을 할지 미리 그려 놓아야 한다. 그렇지 않으면 생활 루틴이 깨졌을 때 여러 가지 생각으로 갈등하다 십중팔구 타협의 길로 들어선다. 나에게는 야근으로 체육관에 못 가거나, 컨디션이 저조해 운동할 마음이 안 생기는 상황이 원칙이 깨질 수 있는 가장 빈번한 경우였다.

나는 야근으로 체육관에 못 가는 상황을 대비해 8kg과 12kg 덤벨 한 쌍씩을 사 놓고 30분짜리 홈트 루틴을 만들었다. 푸쉬업, 덤벨 숄더 프레스, 사이드 레터럴 레이즈, 덤벨 컬,* 크런치를 한 묶음으로 총 8세트를 진행하는 짧은 루틴이다. 퇴근이 늦어져 체육관에 가지 못하면 집에 도착하자마자 홈트 루틴을 진행했다.

---

* 덤벨 숄더 프레스 : 양손에 덤벨을 한 쪽씩 잡고 머리 위로 들어 올리는 어깨운동
  사이드 레터럴 레이즈 : 양 옆으로 팔을 벌려 덤벨을 들어올리는 어깨 측면 운동
  덤벨 컬 : 덤벨을 이용한 이두운동

운동할 컨디션이 아닐 때는 오히려 멘탈 훈련하기 '딱 좋은' 날이라고 생각했다. 컨디션이 안 따라주면 멘탈로 운동을 꾸역꾸역 끌고 가보는 것이다. 목표를 이룬 모습을 상상하고, 한 동작 한 동작 씹듯이 반복하고, 쉬는 시간마다 호흡에 집중해 '할 수 있다'라고 열 번씩 되뇐다. 그러다 보면 몸이 따뜻해지고 땀이 흐르면서 평소만큼 컨디션이 올라오는 날이 있다. 멘탈로 소중한 운동 기회를 살려낸 것이다.

컨디션이 끝까지 회복되지 않아서 운동성과에 별 진척이 없더라도 의미가 있다. 관성을 계속 이어갈 수 있고, 원칙을 지켰다는 만족감이 파이팅을 불러일으킨다.

나는 선수들에게도 목표를 이루기 위해 반드시 지켜야 하는 '단 하나의 원칙'을 세우라고 말한다. 원칙을 세울 때는 다음 세 가지를 주의해야 한다.

첫째, 자신이 통제할 수 있는 원칙을 세워야 한다. 예를 들어 테니스 선수가 매일 새벽 다섯 시에 일어나 30분 동안 심상 훈련을 하겠다는 원칙을 세웠다고 해 보자. 이것은 통제 가능한 원칙이다. 반면에 매일 새벽 다섯 시에 동료선수 A와 연습경기를 하겠다는 원칙은 적절하지 않다. 동료 A는 내가 100% 통제할 수 없다. A가 늦잠을 자거나 훈련에 게을러지면 원칙은 깨지고 만다.

둘째, 현재 수준에 맞는 원칙을 세워야 한다. 처음에는 조금만 노력을 기울이면 해낼 수 있는 원칙을 세운 뒤, 그것을 지킬 수 있을 만큼 몸과 멘탈이 성장했을 때 더 높은 수준의 원칙으로 바꾸는 것이 좋다. 나도 처음부터 매일 운동하기를 원칙으로 세우지 않았다. 처음에는 '매일 저녁으로 닭가슴살 한 개와 고구마 200g 먹기'가 원칙이었다. 그렇게 하다 보니 저녁에 친구들과 약속을 잡지 않게 됐고 지방도 조금씩 빠지면서 복근이 보이기 시작했다. 그렇게 매일 운동할 수 있는 생활습관과 의욕이 생겼다.

셋째, 원칙이 핵심을 찔러야 한다. '매일 지켰을 때 의미 있는 성장이 일어나는 원칙인가'를 점검해야 한다.

지루함과 사랑에 빠지기

독감에 걸린 류현진 선수가 마스크를 쓰고 훈련하는 모습을 본 적이 있다. 어깨 수술 이후 류현진 선수의 완벽한 부활을 도운 김용일 코치는 인터뷰에서 이렇게 말했다.

"류현진은 타미플루를 맞고, 하루 동안 입원을 했는데도 마스크를 쓰고 경기장에 출근했다. 그때 정말 혀를 내둘렀다. 독감은 일반 감기와 다르다. 한 번 걸리면 보통 4~7일은 휴식을 취해야 한다. 그런데 하룻밤 병원에 입원하고, 다음 날 아침에 훈련하러 왔더라. 물론 완전히 나은 상태가 아니었다."[10]

독감에 걸려 본 사람은 안다. 독감에 걸리면 몸이 어떤 지경에 이르는지를. 류현진 선수가 마스크를 쓰고 감행했던 훈련이 피지컬과 기술을 얼마나 끌어올려 줬을까? 오히려 몸이 축났을지도 모른다.

나는 류현진 선수가 보였던 의지가 본인 멘탈뿐만 아니라 그를 돕는 코치진들의 멘탈까지 끌어 올렸을 거라 생각한다. 그렇게 다져놓은 멘탈은 결국 몸과 기술을 만드는 토양이 된다.

류현진 선수가 어떤 원칙을 가지고 있었는지는 모른다. 하지만 마음속에 확고한 원칙이 없었다면 독감에 걸린 상황에서 마스크까지 쓰고 훈련을 감행하진 않았을 것이다.

누구나 처음에는 의미 있는 원칙을 세운다. 매일 러닝 1시간, 3점 슛 200개, 스윙 500번, 주 5회 이상 웨이트 트레이닝과 같은 원칙이다. 실력이 향상되고 프로의 반열에 오르면 아마추어일 때보다 실력 향상은 더뎌진다. 원칙으로 삼았던 훈련이 지루해지고, 실력 향상이 아닌 실력 유지에 만족하는 날이 많아진다.

이는 회사에서 일을 하는 데도 적용된다. 나도 그랬다. 마케팅팀장으로 발령받고부터 매일 한 개씩 마케팅 사례를 공부하자는 원칙을 세웠다. 회사에 출근하면 업무를 시작하기 전에 마케팅 사례를 찾아보고 PPT 한 페이지로 정리했다. 세상에는 기발하고 번뜩이는 아이디어, 내가 알지 못했던 마케팅 채널이 많았다.

하루 중 누군가와 대화를 나눌 일이 있으면 자연스럽게 내가 찾은 마케팅 사례를 공유했고 사람들은 현실성 있는 조언을 보태 줬다.

3개월 동안 쌓은 자료는 마케팅 회의 때마다 유용한 참고자료가 됐다. 각각의 사례를 섞어 새로운 아이디어를 탄생시키기도 했다. 고객들은 우리가 낸 아이디어에 반응했고 매출은 반응에 비례해 상승했다.

그리고 나는 그 정도에 만족했다. 원칙은 그렇게 서서히 무너진다. 매일 웨이트 트레이닝하자는 원칙도, 매일 책을 읽고 글을 쓰자는 원칙도, 하다못해 매일 SNS에 사진을 올리겠다는 원칙도 마찬가지다.

류현진 같은 세계 최고의 선수, 기업의 운명을 바꾼 마케팅 전문가, 사람을 변화시키는 작가, 모두가 부러워 하는 인플루언서와 대다수의 그저 그런 사람들을 나누는 기준이 여기에 있다.

'무슨 일이 있어도 원칙을 고수할 수 있는가.'

지루함과 익숙함에서 벗어나 새로움을 욕망하는 것은 인간의 본성이다. 어쩌면 거기에 기회가 있을지도 모른다. 모든 이들이 지루함을 탈피하려 새로운 자극이나 보상에 한눈을 팔 때, 그 '지루함'과 사랑에 빠져보자. 기분이 어떻든 컨디션이 어떻든 그저 내가 세운 원칙대로 해야 할 일을 해야 할 시간에 하는 것이다.

드라마틱한 실력 향상을 기대하기 보단 '매일 1%씩' 성장하겠다는 목표를 잡으면 지루함을 이겨낼 수 있다. 반복되는 훈련이나 일과를 기계적으로 소화하지 말고 실력 향상을 위한 요소를 잘게 쪼갠 후 어떤 한 가지 요소에서 1%만 성장하겠다는 마음으로 임해 보자.

자기계발 전문가 제임스 클리어는 그의 책《ATOMIC HABITS》에서 다음 그래프처럼 1년 동안 매일 1%씩 성장했을 때 어떤 변화가 일어나는지를 수학적으로 계산했다. 매일 1%씩 나아진다면 1년 후에는 지금보다 약 37배 성장할 수 있다![11]

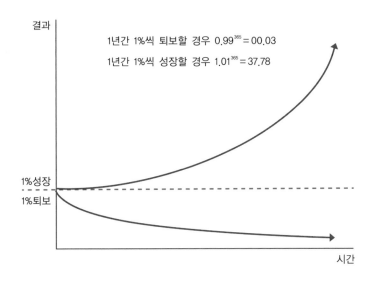

원칙을 구체적 언어로 정리하기

하지만 매일 1%씩 꾸준히 성장하기가 어디 쉬운가. 매일 그렇게 성장하려면 연습이라는 말이나 공부라는 말로 뭉뚱그려서는 안 된다. 그렇게 뭉뚱그리면 그저 매일 하는 연습, 매일 하는 공부일 뿐이다.

무엇을, 언제, 얼마큼, 어떤 방법으로 할지 '구체적 언어'로 정리해야 한다. 그래야 실행과 직결되고 피드백 또한 날카로워진다. '매일 3점 슛 연습하기' 보다는 '매일 팀 훈련 이후, 다섯 개 지점에서 3점 슛 100개씩 던지고 성공률 기록하기'라고 했을 때 내가 어떤 지점에서 성공률이 떨어지는지, 어떻게 했을 때 성공률이 올라가는지 피드백해 볼 수 있다.

'매일 마케팅 사례 공부하기' 보다는 '매일 업무 시작 전, 마케팅 사례 조사하여 PPT 한 페이지로 정리하기'가, '매일 SNS에 사진 업로드하기' 보다는 '매일 먹는 콘셉트 사진을 100자 내외 글과 함께 퇴근시간대(18시~19시)에 업로드하기'가 더 좋다.

행동이 반복되면 자연스럽게 피드백이 일어나고 행동이 구체적일 때 피드백은 정교해진다. 만약 매일 SNS에 사진을 올리겠다는 원칙이 위와 같이 구체적으로 정리됐다면 콘셉트, 글, 업로드 시간으로 나뉜 체계적 피드백이 가능하다.

앞서 나의 원칙을 '무조건 매일 운동한다'라고 간략하게 소개했지만 실제로 내가 정리한 원칙은 이렇다.

① 월요일~금요일 : 퇴근 후 25세트 이상 웨이트 트레이닝하기
 ※야근으로 체육관에 못 갈 때는 집에서 홈트 루틴 30분 진행
② 토요일 : 오전 10시부터 웨이트 트레이닝 30세트 이상, 유산소
  운동 30분 이상 진행

원칙을 세우고, 무슨 일이 있어도 지킨다고 다짐한 순간부터 목표

달성을 100% 확신할 수 있었다. 남은 건 얼마나 빨리 달성하느냐였다.

코칭 질문

목표 달성을 위한 여러분만의 '단 하나의 원칙'은 무엇인가요? 다음 세 가지를 주의해서 단 하나의 원칙을 세워 보세요.

① 통제할 수 있는 원칙

② 내 수준에 맞는 원칙

③ 핵심을 찌르는 원칙

SUPER
MENTAL

중급 편

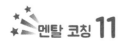
자기
대화의
기술

어떤 분야이든 입문자라면 레슨이나 교육을 받아 정석을 배우고 기본기를 빠르게 익혀야 한다. 하지만 입문단계를 벗어나면 질 높은 자기 대화가 성장을 좌우한다. 사람은 모두 다르기 때문이다.

사람마다 하드웨어와 소프트웨어가 다르고 설치된 프로그램도 제각각이다. 그래서 어떤 명령어는 처리하고 어떤 명령어는 오류를 일으킨다. 일정 수준에 오르면 자기 대화를 통해 주도적으로 프로그램을 설치하고, 명령을 내리고, 업그레이드해 나가야 한다.

루틴도 고정돼 있지 않다. 업그레이드 상태, 즉 몸의 발달 정도, 기술 숙련도, 멘탈 수준에 따라 지속적인 보수작업이 필요하다. 루틴을 잘 만들고 보수하기 위해서도 질 높은 자기 대화가 필수다.

나는 인간이 과학기술로는 절대로 따라올 수 없는 슈퍼 컴퓨터라고 생각한다. 첨단 기술로 만든 로봇이라고 해도 그 움직임은 얼마나 부자연스러운가.

인간은 자연스럽게 속도를 조절하고, 장애물을 피하며, 물속을 헤엄치고, 온몸으로 악기를 연주해 아름다운 음악을 만들어 낸다. <u>모든 인간은 자신을 스스로 업그레이드해 갈 수 있는 기본 세팅을 갖추고 있다. 자기 대화의 기술을 익히면 자신에게 맞는 성장방식을 스스로 창조할 수 있다.</u>

자기 대화의 질을 높이려면 주변의 지나친 개입과 평가를 적절히 차단할 줄 알아야 한다. 외부를 의식하는 순간 슈퍼 컴퓨터는 버벅대기 시작한다.

세계에서 가장 뛰어난 코치 중 한 명으로 인정받고 있는 데이브 알레드는 골프가 어려운 이유를 '학습문화' 때문이라고 비판했다. 그는 '골프공을 치는 것과 스케이트 보드를 타고 경사로를 내려오는 것 중 무엇이 더 어려울까?'라는 질문을 던진다.

만약 골프에 대한 책을 쓰듯 스케이트 보드에 대한 책을 쓴다면 그 두께는 어마어마할 것이다. 관련 이론인 무게분포, 관성 모멘트, 원심력, 마찰, 완충장치의 범위 및 유형, 축간 거리, 무게중심, 선회권 등을 전부 설명해 줘야 할 테니 말이다.

하지만 골프와는 달리, 스케이트 보드를 배울 때 위와 같은 이론에 관해 얘기하는 사람은 아무도 없다. 대부분 레슨이나 교재에 의존하지 않고 자기 대화를 통해 학습한다. 제대로 탈 수 있을 때까지 어떤 부분이 잘못됐고, 어떤 동작을 다르게 해야 하는지에 대해 자기 대화를 통해 필요한 조정을 해 가며 될 때까지 반복한다.

반면에 골프를 배울 때는 수많은 금기사항과 과학적 원리, 이론을 갖다 댄다. 스케이트 보더들은 넘어졌을 때 성공을 향한 도전에 박수를 받지만 골퍼의 모든 동작에는 잠재적인 실패가 가득하다.[12]

'입스(yips)'라는 증상이 있다. 골프에서 스윙 전에 샷 실패에 대한 두려움으로 인해 발생하는 각종 불안증세를 말한다. 입스는 골프에만 있지 않다. 야구나 농구 등의 구기종목 선수나 바이올린 리스트, 피아니스트 등 특정 근육을 반복해서 사용하는 직군의 사람들에게도 발생한다.[13]

하지만 골프선수들이 가장 흔하게 입스에 빠지는 이유는 잠재적 실패로 가득 찬 분위기에서 지나치게 주변을 의식하기 때문이다. 시선이 밖으로 향하면 내면의 목소리를 들을 수 없다. 시선을 내부로 옮겨와야 한다. 주위 시선과 평가를 차단하고 나만의 공간에서 자기 대화를 이어나갈 때 내면의 슈퍼 컴퓨터가 작동하기 시작한다.

답은 내 안에 있다

나도 자기 대화를 한다. 일과 코칭, 일상에서 끊임없는 대화와 기록을 이어간다. 요즘은 운동에서의 자기 대화가 많아졌다. 특히 자세를 잡아가는 과정에서 많은 대화를 나눈다.

10년 전에 해 봤던 운동이라 배우지 않아도 어느 정도 자세를 만들 수 있다. 하지만 좋은 자세는 아니다. 어깨와 팔꿈치에 통증이 있고 관절에서 소리가 난다. 좋은 자세는 스스로 느낄 수 있다. 모든 게 잘 맞물릴 때 힘이 타깃 근육에 오롯이 집중되고, 아프거나 불편한 부분 없이 끝까지 동작을 이어갈 수 있다.

어떤 종목은 그렇게 했지만 대부분의 동작이 완벽하지 않았다. 자세가 좋은 사람은 리드미컬한 움직임, 안정된 스탠스, 과하지 않으면서도 시원시원한 가동범위, 빠른 수축과 완만한 저항, 세트를 마칠 때까지 흔들리지 않는 동작의 일관성, 군더더기 없는 호흡을 가져간다. 그런 사람들의 운동은 참 바라볼 만하다. 바라보는 것만으로도 마치 내가 운동하는 듯한 자극이 느껴진다. 나도 그런 자세를 갖고 싶었다.

무엇이 올바른 자세인지는 PT를 받거나 영상으로 찾아 볼 수 있다. 나의 경우 토요일마다 현석이가 자세를 봐 줬다. 초등학교 동창인 현석이는 국가대표 보디빌더다. 운동을 다시 시작하고 몇 주 뒤, 현석이를 찾아갔다. 나는 현석이에게 멘탈 코칭을 해주고, 현석이는 나와 함께 운동하면서 자세를 잡아 줬다. 현역 선수가 자세를 봐 주니 더할 나위 없는 조건이었다.

하지만 '나에게 딱 맞는' 자세는 '자기 대화'를 통해 찾았다. 사람마다 신체구조가 다르고 근신경계, 밸런스, 유연성과 같은 발달 정도가 다르다. 때문에 '내 자세가 바라볼 만한가'가 아니라 '나에게 최적화됐는가'가 중요했다.

현석이가 알려준 자세를 바탕으로 자세에 영향을 미치는 변수(스탠스, 그립, 가동범위, 각도, 궤적, 동작 속도, 무게중심, 시선 등)를 미세하게 조정해 나갔다. 타깃 근육에 힘이 집중되고 관절들이 잘 맞물리는 느낌을 찾았을 때, 기억해야 할 포인트를 기록하고 서서히 무게를 올리면서 연습했다. 운동하는 내내 좋은 자세를 찾기 위해, 그리고 유지하기 위해 집중 또 집중했다.

자기 대화가 깊어지면 주도성이 생기고 재미가 붙는다. 이유는 간단하다. 내 문제에 대한 답을 찾는 데 가장 효과적이기 때문이다. 다른 사람의 조언, 자기계발서에서 말하는 성공방식은 그저 참고용일 뿐이다. 나 자신을 나보다 잘 아는 사람은 없다. 나는 나에 대한 전문가다. 내가 처한 문제가 무엇이고 그것을 어떻게 해결해야 하는지, 답은 모두 내 안에 있다.

어떤 사람은 이렇게 말할지도 모른다.

"정말 해결책을 모르겠어요."

아니다. 당장의 해결책은 모를 수 있지만 해결책을 찾기 위한 해결책은 분명 알고 있다. 문제와 답을 이미 다 알고 있으면서 외면하고 있지는 않은지 스스로에게 물어보라. 해결하기 귀찮아서 문제와 마주하지 않거나, 나약한 마음에 자꾸만 남에게 의지하려는 것은 아닐까?

타율을 높이려면, 10kg을 감량하려면, 좋은 글을 쓰려면, 실적을 개선하려면, 가족과 더 많은 시간을 보내려면 어떻게 해야 할까? 나에게 맞는 가장 적절한 답은 누가 알고 있을까? 시선을 내부로 옮겨와 자기 대화를 시작해 보자.

우슈선수 K의 자기 대화

멘탈 코칭을 배우면서 실습하던 시절, 체고에 다니는 우슈선수 K를 코칭한 적이 있다. 우슈는 무술동작을 선보이는 '투로'와 격투기처럼 상대방을 가격하는 '산타'라는 종목으로 나뉘는데 K는 투로종목 선수였다.

내가 어떤 도움을 받고 싶은지 물었을 때 K는 표현력을 높이고 싶다고 했다. (우슈도 피겨 스케이팅처럼 기술과 표현력을 모두 평가받는다.) 감독님에게서 표현력을 매번 지적받는데 어떻게 해야 할지 모르겠다고 했다.

"우슈에서 표현력이 좋다는 것은 어떤 거야?"

"표정이나 동작의 강·중·약 같은 거요."

"표정과 동작 중 뭐가 더 문제라고 생각해?"

"표정이 더 문제인 것 같아요. 동작은 연습하면 돼요."

"네가 하는 거 영상으로 본 적 있지? 그때 표정이 어때?"

"항상 멀리서 찍혀서 표정은 제대로 본 적 없어요."

"그럼 내가 가까이서 영상을 찍어줄게. 한 번 해 볼래?"

K는 장권을 선보였다. 생전 처음 보는 우슈동작이었다. 나는 절도 있는 동작과 속도, 유연함에 놀라면서도 K의 표정을 놓치지 않기 위해 촬영에 집중했다. K가 모든 동작을 마치고 나서 우리는 자리로 돌아와 영상을 돌려 봤다.

"표정이 계속 똑같아요."

"더 자세하게 얘기해 볼까?"

"음… 글쎄요."

K는 문제를 깊게 바라보지 못했다. 나는 영상을 다시 처음으로 돌려 이번엔 눈이 어떤지에만 집중해서 보도록 했다. 다음에는 입, 다음에는 고개. 그렇게 영상을 여러 번 돌려 봤다. K는 문제를 어느 정도 알아차렸다.

"다른 건 잘 모르겠고 주먹을 지를 때 시선이 주먹으로 가니까 눈을 내리까는 것 같아서 자신감이 없어 보여요. 고개가 떨어지고 입도 너무 다물고만 있어요. 저도 제가 표정이 안 좋다는 거 알고 있었는데 이렇게 보니까 심각하네요. 근데 표정을 짓기가 어색해요. 어떤 표정을 지어야 하는지도 모르겠어요."

"처음부터 모든 감정을 표현하기는 어려울 테니 공격동작과 방어동작에서만 다른 표정을 지어보면 어떨까? 모든 공격동작에서 시선처리를 다르게 한다든지."

K는 망설이다가 대답했다.

"사실은 뭐가 공격동작이고 방어동작인지 정확히 몰라요."

"모른다고?"

내가 놀라서 되묻자 K는 고개를 끄덕였다. 성인 선수는 권법동작을 직접 짜서 선보이지만 고등학교까지는 정해진 권법동작을 단순히 외워서 한다고 했다. 그러니까 모두가 같은 동작으로 시합에 나가는 것이다.

다행히 K는 해결책을 생각해 냈다. 장권을 공부하면 표현에 도움이 될 것 같다고 했다. 제일 먼저 어떤 동작이 공격동작이고 방어동작인지 구분하겠다고 했다. 장권 역사를 공부하고, 각각의 동작이 왜 나왔는지도 찾아보겠다고 했다. 더는 코칭이 필요 없음을 느꼈다.

한 달쯤 지나고 나서 K에게서 연락이 왔다. 감독님에게서 좋아졌다는 칭찬을 매일 듣는다고 했다. 나는 K에게 공부를 통해 어떤 알아차림이 있었는지 물었다.

"우슈는 상대를 죽이느냐 내가 죽느냐의 싸움인데 제 표정이 너무 평온했던 것 같아요. 이제 기계처럼 하지 않고 저를 죽이려는 적이 앞에 있다고 생각하고 해요. 그렇게 하니까 표정을 짓는 것이 어색하지 않고 다른 사람들이 의식되지 않아요."

나는 좋아진 K의 표정을 보진 못했지만 그저 기계처럼 동작을 외워서 하는 K와 자신을 죽이려는 적을 상대하는 K가 얼마나 달라졌을지 충분히 상상할 수 있었다.

K의 성장을 이끈 것은 나도 아니고 소속팀 감독님도 아니었다. 나는 그저 자기 대화가 일어나도록 조금 도와줬을 뿐, K 스스로 자기

문제를 찾고 해결책을 생각해 냈다. 자기 대화로 슈퍼 컴퓨터가 작동한 것이다.

코칭 질문

지금 당면한 문제는 무엇인가요? 해결책은 무엇인가요? 주위 시선을 차단하고 내면 깊이 들어가 대화를 시작해 보세요.

사자의
마인드
셋

2018년 5월, 멘탈 코칭 스터디를 하고 있는 준용이 형, 상준이 형과 함께 골프 대회를 관람하러 갔다. 우리는 준용이 형이 코칭하고 있던 J의 조를 첫 홀부터 따라다녔다. 그 조에는 아마추어 우승 자격으로 1부 투어에 초청받은 어린 선수 H가 속해 있었다.

H의 동작은 부자연스럽고 조급했다. 아무리 첫 1부 투어 경기라지만 아마추어 대회에서 우승한 경기력은 아니었다. 나와 상준이 형은 H가 제 실력을 발휘하지 못하고 있음을 알았고, 만약 자신이 H의 멘탈 코치라면 어떤 조언을 해 줄지 모의 코칭을 해 보기로 했다.

내가 생각하는 내 모습 바꾸기

상준이 형과 나는 서로 H의 대역이 돼 주기로 하고 코칭 대화를 주고받았다. 상준이 형이 먼저 코칭을 시작했다. 형이 H에게(나에게) 물었다.

"가장 좋아하는 골프선수가 누구예요?"

"박성현 선수요."

"그 선수가 경기하는 모습 많이 봤겠네요?"

"네, 중계방송으로도 보고 경기 따라다니면서 본 적도 있어요."

"박성현 선수의 리듬을 떠올려 보세요. 박성현 선수가 샷을 하기 전에 어땠는지, 샷을 할 때와 샷을 마치고 나서 어떤 리듬으로 움직였는지 생생하게 떠올려 보세요."

상준이 형은 내가 눈을 감고 상상하는 동안 충분히 기다려 줬다.

"오늘 다른 것은 모두 잊고 그 리듬에만 집중해서 남은 홀을 돌아봐요."

티머시 골웨이는 《이너게임》에서 무념의 상태에서 플레이하는 것, 즉 존에 들어가는 것을 '셀프2포커스'라고 표현했다. 그는 결과에 영향을 미치는 여러 가지 변수 중 핵심 변수에 집중함으로써 셀프2포커스가 이루어진다고 봤다.[14]

H에게는 '흐트러진 리듬'이 집중해야 할 핵심 변수였다. 스윙 자세, 비거리, 날씨, 상대의 플레이, 지켜보는 사람들의 평가 등 다른 모든 변수를 마음에서 지우고 오직 리듬에만 집중한다면 셀프2포커

스를 작동시킬 수 있다고 봤다.

"형, 좋았어요. 10위 안으로 들어갈 수 있을 것 같아요. 그럼 이제 제가 우승시킬 수 있는 코칭을 해 볼게요."

H는 페이스가 무너져 있었다. 프리샷 루틴 동작이 빨랐다. 평소에 어떻게 하고 있는지 모르겠으나 뭔가 생략됐거나 급해 보였다. 그린 위에서도 여유가 없었고, 같은 조 언니들의 심기를 건드리지 않기 위해 총총총 걸으며 시야에서 빠르게 사라져 줬다. 본인 페이스가 아닌, 무려 1부에서 뛰고 있는 언니들의 페이스를 맞춰 주기 위한 동작과 표정이 반복됐다.

5번 홀을 끝내고 6번 홀로 이동할 때 나는 H를(상준이 형을) 불러 함께 걸었다.

"동물 중에 가장 힘이 센 동물은 누구야?"

상준이 형은 왜 반말로 하냐고 물었다. 나는 왠지 이번 코칭은 반말로 해야 더 효과가 있을 것 같다고 말했다.

"동물 중에 가장 힘이 센 동물은?"

"그건 갑자기 왜요?"

H가(상준이 형이) 되물었다.

"어떤 동물이 제일 힘이 세지?"

"코끼리요."

"가장 빠른 동물은?"

"치타요."

"가장 똑똑한 동물은?"

"돌고래인가요? 침팬치?"

"그럼 동물의 왕은 누구야?"

"사자요."

"맞아. 힘이 제일 세지도 않고, 가장 빠르지도 않고, 가장 똑똑하지도 않은 사자가 왜 동물의 왕인 줄 알아? 사자는 자기가 왕이라는 '마인드셋'이 있기 때문이야. 그러니까 왕처럼 어슬렁어슬렁 걷고 초원 위에 아무렇게나 누워 쉴 수 있는 거지. 그런 마인드셋이 되어 있으면 다른 동물과 싸울 때는 어떨까? 그것은 싸움이 아니라 사냥일 뿐이야. 왕의 마인드셋에서 나오는 표정과 동작은 상대 동물에게 위압감을 주고 그들의 마인드셋을 낮추는 데도 영향을 미쳐. 그들은 도망가다가 잡히거나 도망가고 싶은 마음으로 싸우다가 죽게 될 거야."

"음… 근데 그 얘길 왜 하시는 거예요?"

"사자처럼 하라고."

"…."

"너 하는 거 보니까 딱 하이에나야. 눈치나 보고 말이야. 천천히 해, 평소 하던 대로. 오늘은 내가 이 초원의 왕이라고 생각하고 치는 거야. 너의 페이스를 저들이 맞추게 하자. 사자의 마인드셋으로."

자신이 생각하는 자기 모습은 행동에 영향을 미치고 행동은 결과를 바꾼다. H는 자신을 아직 아마추어로 생각하기 때문에 1부 투어 언니들의 페이스를 맞춰 주는 게 편했을지도 모른다.

마인드셋을 바꿔야 한다. 자신을 1부 투어에 견학 온 학생처럼 생각하는 선수와 1부 투어도 씹어 먹겠다는 생각으로 경기에 임하는 선수는 표정과 몸짓, 집중력과 리듬이 다를 수밖에 없다. 그리고 그것은 분명 상대에게도 영향을 미친다.

내가 신입사원 때 비교적 젊은 나이에 브랜드장(長)으로 발탁된 선배가 있었다. 그 선배는 '저는 아직 부족합니다'라는 말을 자주 했다. 자기보다 선배들 위에 서는 게 부담스러웠는지 몸을 한껏 낮추며 '저는 아직 부족합니다. 많이 가르쳐주십시오'라는 말을 달고 살았다.

처음에는 겸손의 표현인 줄 알았는데 몇 개월 동안 계속 듣다 보니 정말 부족한 사람처럼 보였다. 나만 그렇게 생각하진 않았는지 결국 6개월도 못 버티고 장(長) 자리에서 내려왔다. 버리지 못한 팀원으로서의 마인드셋이 자기 퍼포먼스뿐 아니라 다른 사람들의 평가에까지 영향을 미쳤다고 생각한다.

4년이 지나고 더 파격적인 인사발령이 있었다. 그때 당시 과장이었던 선배가 30대 중반 나이에 사업부 대표로 발탁된 일이었다. 당시 언론도 이 인사발령을 심도 있게 다룰 정도로 업계에서는 충격적인 일이었다.

처음에는 이 선배도 '아직 부족하다'라는 말을 자주 했다. 하지만 이내 대표의 마인드셋을 장착했다. 그의 언어는 대체로 이랬다.

'할 수 있습니다.', '제가 총대 메고 직접 하겠습니다.', '한번 상상

해 보자고요.', '우리에게 기회가 있습니다.', '제가 깨달은 것을 나누겠습니다. 잘 들어 보세요.'

그의 목소리엔 힘이 있었다. 직원들이 그를 대표로 인정하기까지는 그리 오랜 시간이 걸리지 않았고, 그는 3년도 안 돼 임원으로 승진했다.

경기의 결과나 비즈니스의 성패는 통제할 수 없는 영역이다. 하지만 내가 나를 어떻게 규정할지는 통제할 수 있고, 그 생각은 분명 결과에 영향을 미친다.

사자의 마인드셋을 장착해 보자.

코칭 질문

시합에서, 면접에서, 프레젠테이션에서, 소개팅 자리에서 또는 처음 만나는 사람들과 함께하는 모임에서 당신은 어떤 마인드셋을 장착하고 있나요?

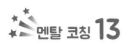

멘탈을
리드
하라

"첫 홀 티샷이 문제에요."

강의를 마치고 짐을 싸고 있는데 한 여고생 선수가 찾아와 말했다. 귀가 빨개져서는 다짜고짜 첫 홀 티샷이 문제라고 했다. 쑥스럽지만 간절한 마음에 용기를 낸 것 같았다. 나는 발이 닿지 않는 높이의 강단에 걸터앉아 학생에게 이쪽으로 와서 앉으라고 말했다.

"첫 홀 티샷이 다른 홀 티샷과 다른 점이 뭐예요?"

나는 두 손을 양 허벅지 밑에 끼우고 다리를 앞뒤로 흔들었다.

"지켜보는 사람이 많아요. 첫 홀엔 엄마도 항상 계시고요."

"본인 마음은 어떻게 달라요?"

"주변이 신경 쓰이고, 잘해야 한다는 부담감이 있어요. 그리고 많이 떨려요."

"플레이는 어떤 것 같아요?"

"평소보다 급하게 치는 것 같아요."

"빨리 여기서 벗어나야 한다는 그런 마음?"

"네, 맞아요. 빨리 치고 나가고 싶어요."

학생도 나를 따라서 조금씩 다리를 흔들기 시작했다.

나는 학생에게 첫 홀 티샷에서 세 가지를 기억하라고 조언했다.

허리를 꼿꼿이 세우고 고개를 든다. 배로 천천히 호흡한다. 입꼬리를 살짝 올린다.

멘탈을 이끄는 원리

긴장하거나 압박을 받는 상황에 처하면 우리 몸은 '경직'된다. 호흡은 얕아지고 동작은 심장박동에 따라 빨라진다. 의식수준 또한 떨어지기 때문에 긴장과 압박은 운동 수행에 있어 최악의 적이다.

이럴 때는 성공이 확실한 상황에서 나올 법한 자세와 동작을 '의지적'으로 취하는 것이 좋다. 멘탈은 우리의 신체언어와 강력하게 연결돼 있다. 긴장된 상황을 인지한 뇌가 몸을 오그라들게 했다면 의지적으로 당당하고 편한 몸을 만들어 '역으로 뇌가 따라오게' 만들어야 한다.

성공이 확실시되는 상황이라면 어떨까? 허리를 꼿꼿이 세우고 고개를 치켜든 채 여유 있게 티잉 그라운드를 활보할 것이다. 이것이

이 학생이 취해야 할 '리딩 동작'이다. 리딩 동작은 멘탈을 리드하기 위한 동작이다. 리딩 동작은 뇌에 이렇게 지시한다.

'나는 아무렇지도 않아, 그러니 긴장 풀고 박동 낮춰.'

〈바이오피드백〉이라는 저널에 실린 한 연구는 구부정한 자세가 에너지 수준을 떨어뜨리며, 이는 심한 우울증을 앓는 사람에게 더욱 강력하게 적용된다는 사실을 보여 주었다. 불쾌감을 잘 느끼는 사람은 구부정한 자세를 취하고 있을 때 더욱 불쾌한 기분을 느꼈다. 또한 이 연구에서는 흥미롭게도 깡충깡충 뛰어가는 것이 에너지 수준을 올린다는 것을 알아냈다. 자세를 바꾸면 신경호르몬 수준이 변화한다. 하버드 대학교에서 실시한 연구에서는 다리를 넓게 벌린 상태로 서거나 앉은 자세가 테스토스테론을 증가시키고 스트레스 호르몬인 코르티솔을 감소시킨다는 것을 알아냈다. 결국 핵심 메시지는 자신이 없을 땐 턱을 높이 들고 반듯하게 서서 가슴을 내밀라는 것이다. 그러면 결단력이 생기고 긍정적인 생각을 내면화할 수 있으며, 신체적으로 더 많은 에너지를 얻게 될 것이다.

– 앨릭스 코브 《우울할 땐 뇌 과학》

호흡도 같은 원리다. 우리는 편안한 상황에서 깊고 느리게 호흡한다. 잠을 자거나 휴양지 썬배드에 누워 있는 장면을 생각해 보자. 배가 오르락내리락하며 충분히 마시고 충분히 내쉰다.

반면 긴장과 불안상황에서는 배가 아닌 가슴으로 얕고 빠르게 호흡한다. 이러한 호흡이 지속되면 신체 에너지가 감소하고 정신적 균형을 유지하기 어려워진다. 의지적으로 편한 호흡을 만들어야 한다. 편한 호흡이 뇌를 이끌도록 말이다.

셋을 셀 동안 배로 숨을 들여 마시고 다섯을 셀 동안 부드럽게 내쉬는 호흡을 반복해 보자. 앞에서 말한 것이 '리딩 동작'이라면 이는 '리딩 호흡'이다. 뇌와 호르몬이 내 몸을 지배해 버리기 전에 내가 통제할 수 있는 동작과 호흡으로 뇌 작용과 호르몬 분비를 리드할 수 있다.

축구에서 프리킥을 차기 전, 경기장 모든 관중과 전 세계 축구 팬들의 시선은 프리킥 키커를 향한다. 프리킥으로만 55골 이상을 넣은 크리스티아누 호날두는 이 압박감을 어떻게 이겨낼까?

그는 공을 세워 두고 네 발자국쯤 물러나 좀 과하다 싶을 정도로 다리를 벌리고 선다. 어깨를 활짝 펴고 양팔을 내린 자세는 내가 지금까지 봐 왔던 자세 중 가장 당당한 자세다.

호날두는 그 자세를 유지한 채 깊은 호흡을 두 번 내쉰다. 그리곤 망설임 없이 다가가 미사일 슛을 날려 골키퍼를 멍청이로 만든다. 공이 골망을 흔들면 그는 코너 라인으로 달려가 그 유명한 '호우' 세레머니로 흥분을 한껏 고조시킨다. 이것이 호날두가 동작과 호흡으로 멘탈을 리드하는 방법이다.

내가 학생에게 입꼬리를 올리라고 말한 이유는 무엇일까? '표정'도 멘탈을 움직인다. 지금 잠시 책 읽기를 멈추고 활짝 웃어 보라.

기분 변화를 느꼈는가?

독일의 사회심리학자 프리츠 스트렉은 사람들을 두 그룹으로 나누고 각 그룹에 똑같은 만화책을 보게 했다. 다만 A그룹은 이로 펜을 문 채 보게 하고, B그룹은 입술로 펜을 물고 보게 했다. 피실험자들이 눈치채지 못하게 A그룹은 웃는 표정을, B그룹은 불만 있는 표정을 의도적으로 만든 것이다.

만화책을 다 본 뒤, 각 그룹에 얼마나 재미있었는지 질문했을 때 B그룹과 비교해 A그룹이 더 재미있었다고 대답했다. 웃을 때 사용하는 열일곱 개의 얼굴근육을 움직여 '감정을 리드'한 것이다.[15]

'행복해서 웃는 것이 아니라 웃어서 행복한 것이다.' 이 말을 가볍게 여겨서는 안 된다.

비슷한 연구결과가 또 있다. 눈썹 주름근은 눈썹을 아래 안쪽으로 당기거나 미간에 세로 주름을 만들어서 걱정 또는 근심하는 표정을 짓게 하는 근육이다. 이 눈썹 주름근을 마비시킴으로써 주름을 없애는 보톡스 시술을 받은 경우, 불안이 줄어든 경험을 한 환자가 많다는 것이 연구를 통해 나타났다. 시술 때문에 불안할 때 짓는 표정을 지을 수 없기 때문이다.[16]

입꼬리를 살짝 올리는 '리딩 표정'만으로도 학생이 첫 홀 티샷에서 느끼는 감정은 달라진다.

리딩 동작, 리딩 호흡, 리딩 표정을 이해했다면 면접에서, 프레젠테이션에서, 중요한 모임에서 혹은 소개팅 자리에서 우리가 취해야 할 전략은 분명하다.

상대의 멘탈까지 바꾸는 리딩 동작

앞에서도 말했듯 승부의 세계에서 내가 취하는 동작과 표정은 상대방에게도 영향을 미친다.

보디랭귀지의 선구자인 앨버트 메라비언은 인간의 의사소통에서 언어 자체가 차지하는 비중은 7%에 불과하다는 사실을 발견했다. 목소리와 말의 높낮이, 리듬 등이 38%, 신체 움직임이 55%를 차지한다.[17]

상대방은 나의 '말'이 아닌, 나의 '움직임'과 '표정'에서 더 많은 정보를 얻는다는 뜻이다. 야구에서 홈런 맞은 투수를 마운드에서 내리는 이유는 그 투수의 구위가 떨어졌기 때문이 아니다. 홈런을 맞은 후 고개를 떨어뜨렸기 때문이다. 고개를 숙이는 동작은 자신에게는 패자의 마음을, 상대 타자에게는 맹수의 마음을 갖게 한다.

최고의 축구감독 중 한 명인 베니테즈 감독도 이러한 원리를 알고 있었다. 2005년 이스탄불에서 펼쳐진 AC밀란과 리버풀의 유럽 챔피언스 리그 결승전. 리버풀은 전반에만 세 골을 실점하고 3:0으로 전반을 마친다. 리버풀이 경기를 뒤집긴 힘들어 보였다. 오히려 AC밀란이 후반에도 몇 골을 더 넣을 것 같은 기세였다. 모두가 AC밀란의 우승을 확신했다.

전반전을 마치고 라커룸으로 돌아온 선수들에게 리버풀 베니테즈 감독은 이렇게 말한다.

"절대로 머리를 떨구지 말아라. 후반에 경기장에 들어가는 모든 선수는 머리를 높게 들어야 한다. 우리는 리버풀이고, 너는 리버풀을 위해 뛰는 것이다. 그것을 잊지 말아라. 만약 고개를 떨군다면 자신을 리버풀 선수라고 부를 수 없을 것이다."

그리고 그날, 그 유명한 '이스탄불의 기적'이 쓰였다. 고개를 꼿꼿이 들고 들어간 리버풀 선수들은 후반에 세 골을 몰아쳤고 승부차기 끝에 우승을 차지했다. 경기장에 들어갈 때 리버풀 선수들이 취했던 자세는 자신들에게, 상대 팀 선수들에게 그리고 리버풀 팬들의 응원 데시벨에까지 영향을 미쳤을 것이다.

앞서 언급한 세계적인 스포츠 코치인 데이브 알레드는 말했다.

"압박감에 눌려 몸을 웅크린 사람은 문제를 올려다 보게 된다. 반면 몸을 꼿꼿하게 세운 사람은 도전과제를 내려다 볼 수 있다."

어떤 상황이든, 상대가 누구든, 승부를 겨루는 상황이라면 절대로 고개를 떨구지 마라. 당당한 자세가 승리를 이끈다.

첫 홀 티샷이 문제라며 찾아온, 귀가 빨개진 학생을 발이 닿지 않는 높이의 강단에 앉도록 유도한 이유는 편하게 말할 수 있는 동작을 만들어주기 위함이었다. 나는 친구와 얘기하듯 두 손을 허벅지 밑에 끼우고 발을 흔들었고 학생도 곧 내 동작을 따라 했다.

만약 강의시간에 당당히 손을 들고 질문했거나, 강의를 마치고 찾아왔을 때 귀가 빨개지지 않았다면 강의장에 있던 책상에 마주 앉아 얘기를 나눴을 것이다. 얼굴을 마주보지 않아 표정을 의식하지 않고 발을 자유롭게 흔들 수 있는 자세를 유도하여 조금 더 편하게 자기 얘기를 하도록 만든 내 나름의 작전이었다.

어떤 헬스장 전단지에서 '몸이 인생을 바꾼다'라는 카피를 본 적이 있다. 몸이 인생을 바꾸는 이유는 여러 가지가 있겠지만, 리딩 동작의 관점에서 본다면 운동이 자세를 바꿔 주기 때문이다.

이제 운동을 시작한 지 6개월이 지났다. 두툼했던 뱃살이 어느 정도 정리되고 코어 근육은 허리를 반듯이 세워 줬다. 가슴 근육은 조금씩 굽은 어깨를 밀어내고 있다. 이제 누군가와 마주 앉아 얘기할 때 뱃살이 보이지 않게 팔짱을 끼거나 쿠션으로 배를 가리는 방어적인 동작을 취하지 않는다. 이렇게 당당해진 자세는 나를 어디로 리드해 줄까.

코칭 질문

허리를 세우고, 어깨를 펴고, 고개를 들어 보세요. 그리고 웃어 보세요. 기분이 어떤가요? 심리학자 윌리엄 제임스는 말했습니다. "진짜로 이뤄질 때까지 이뤄진 것처럼 행동하라." 이미 승리한 것과 같은 자세가 결전의 순간 여러분이 취해야 할 자세입니다.

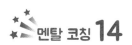

플라세보
효과
활용법

선수로 활동하고 있는 친구가 일하고 있는 체육관을 찾았다. 친구는 카운터 옆 선반을 가리키며 운동 전에 저거 한 알을 먹어보라고 했다. 친구가 가리킨 것은 카페인 알약이었다. 최근에 부스터(각성 효과와 운동 수행능력 향상을 목적으로 운동 전에 섭취하는 헬스 보충제) 대신 정제 카페인을 먹기 시작했다고 했다.

정제 카페인에는 아메리카노 두 잔 함량의 카페인이 들어가 있고, 카페인 외에 다른 화학성분이 들어있지 않아 과도한 흥분감 없이 깔끔하게 집중력을 올릴 수 있다고 했다. 지금까지 가장 연구가 많이 됐고 효과가 검증된 헬스 보조제가 크레아틴과 카페인이라는 말도 덧붙였다. 나는 카페인 한 알을 물과 함께 삼키고 몸을 풀었다.

15분쯤 지나자 점점 각성이 시작됐다. 친구가 했던 말 그대로 과도한 흥분감 없이 깔끔하게 집중력이 올라갔다. 운동을 마치고 나도 한 통 사야겠다며 약통을 자세히 살펴봤는데 내가 먹은 건 카페인이 아닌 ZMA였다. ZMA는 아연, 마그네슘, 비타민 B6가 들어 있는 영양제로 취침 30분 전에 먹는, 각성과는 전혀 상관없는 영양제다. 친구가 가리킨 카페인은 바로 옆에 있던 통이었다.

나는 그날 플라세보 효과를 처음 경험했다. 물론 살면서 여러 형태의 플라세보 효과를 경험했겠지만, 그것이 심리적으로 분명한 효과가 있음을 알아차린 것은 처음이었다.

플라세보는 '기쁨을 주다', '즐겁게 하다'라는 라틴어에서 유래한 말로, 약효가 전혀 없는 가짜 약을 처방하고 금방 호전될 것이라고 환자를 믿게 만들면, 환자의 긍정적 믿음으로 실제 병세가 호전되는 효과를 말한다.

한 연구자들은 무릎 관절염을 앓고 있는 피실험자 180명을 세 그룹으로 나눈 뒤 각 그룹에 다른 수술을 진행했다. 1번 그룹에는 무릎연골 절제술을, 2번 그룹에는 관절경 세척술을 진행했고, 마지막 3번 그룹은 마취를 한 뒤 피부를 절제한 흔적만 남긴 채 실제 수술은 진행하지 않았다.

세 그룹은 24개월 동안 무릎 통증과 기능에 대한 자가 테스트를 하고 결과지를 제출했다. 결과는 놀라웠다. 실제 수술을 한 1번, 2번 그룹이 수술을 하지 않은 3번 그룹보다 높은 점수를 받지 못한 것이다.[18]

수술을 받았다는 믿음이 수술 이상의 치료효과를 냈다는 것이 믿어지는가? 이 외에도 무알콜 맥주를 일반 맥주라고 믿고 마신 사람들이 실제로 취해 버리거나, 항우울제 대신 비타민으로 정신질환을 치료한 사례 등 플라세보 효과를 증명한 실험은 무수히 많다.

믿음의 근거

'믿음'에는 엄청난 힘이 숨겨져 있다. 승리할 것이라는 믿음, 성공할 것이라는 믿음, 통증이 사라질 것이라는 믿음, 하다 못해 나처럼 각성될 것이라는 믿음도 뇌의 화학작용과 호르몬 분비, 근신경계를 바꾼다. 다만 믿음이 그냥 만들어지지는 않는다는 사실이 중요하다. 믿음은 스스로 납득될 때 만들어진다.

2016년 리우 올림픽 펜싱 에페 결승전, 마지막 3세트를 앞두고 박상영 선수는 9:13으로 끌려갔다. 모두가 끝났다고 생각하던 순간 박상영 선수가 끊임없이 '할 수 있다. 할 수 있다. 할 수 있다'라는 주문을 외우는 모습이 카메라에 잡혔다.

경기를 뒤집을 수 있다고 생각한 사람이 몇이나 있을까? 하지만 그는 정말 할 수 있다고 믿었다. 클로즈업된 그의 표정에서 그가 그것을 진짜로 믿고 있음을 느꼈다.

3세트가 시작되고 점수는 조금씩 좁혀졌다. 11:14에서 12:14, 13:14 그리고 마침내 14:14 동점이 됐고, 마지막 승부에서 과감하게 치고 들어간 박상영 선수는 1점을 더 얻어내며 한국 올림픽 사상 최초로 펜싱 에페에서 금메달을 따냈다.

우리도 매일 아침 거울을 보며 '할 수 있다'라고 외치면 승리하는 삶을 살 수 있을까? 할 수 있다고 외쳤을 때 그것을 '스스로 납득'할 수 있느냐가 중요하다. 믿음에는 근거가 필요하다. 무릎수술 자국이 실제 수술을 받았다고 믿게 만든 것처럼, 또는 맥주거품과 진한 보리 맛이 무알콜 맥주를 진짜 맥주라고 믿게 만든 것처럼 말이다.

박상영 선수가 수년간 흘린 땀은 할 수 있다는 외침을 진실로 믿게 만든 근거가 됐다. 그는 중2 때부터 새벽훈련을 시작했다. 새벽 6시, 아무도 없는 체육관에 나가 두 시간 동안 줄넘기와 기술 연습을 했고 학교훈련을 마치면 또다시 개인훈련에 들어갔다. 그의 훈련일지를 읽어 보면 연습량뿐만 아니라 자기 대화의 질도 높았다는 사실을 느낄 수 있다.

차곡차곡 쌓아온 실력, 인내와 절제, 철저한 피드백이 결전의 순간, 할 수 있다는 믿음의 근거가 됐다. 언론에 소개된 박상영 선수의 훈련일지 중 하나를 오타나 맞춤법 수정 없이 그대로 옮겨 본다.

2014년 2월 19일
오늘은 레슨 하는데 좀 손기술이 는거 같은 느낌이 들어서 너무 기분이 좋았다. 아직까지 그래도 왼손한테 식스 말고 찌르는 게 너무 부담스럽다. 포인트가 정확하지도 않을뿐더러 르미즈에 찔릴 것 같아서 자신이 없다. 그래도 옥타브 빠라드와 암터치가 잘 되서 좋았다. 기술 하나하나 약간 연결성이 있게 연습을 하자. 일단 콤보로 생각할 수 있는 게 플레쉬–옥타브 빠라드–암터치–마르쉐 다킹–시간 끈다고 뒤로 유인해서 꾸베 후레쉬 등이 있는 것 같다. 이렇게 첫 동작이 성공하면 상대의 반응을 예상해 거기에 맞게 동작을 쓰는 것이다. 승률에 그렇게 신경 쓰지 말고 연습할 때는 동작에 신경을 써야 할 것 같다.

너무 이기려고 연습경기를 하다 보니까 집중도는 좋지만 내가 안 좋다고 생각하는 습관 들고 무의식중에 하게 되버리니까 좋은 점이 있고 안 좋은 점이 있는 것 같으니 일단 승률 신경 쓰지 말고 내가 연습하려고 하는 동작을 게임을 뛰면서 타이밍도 맞춰보고 자연스럽게 될 때까지 해보자. 연습은 완벽을 만든다.

솔직히 완벽한 기술은 없다고 생각이 들지만 완벽해 지려고 연습하고 노력하는 것이 제일 완벽에 가까운 것 같다.

– 최은경, "잘하는 게 하나도 없다"던 박상영, 훈련일지엔 '연습이 완벽을 만든다.', 조선일보

할 수 있다는 믿음이 효과를 발휘하려면 자신이 해낼 거라고 스스로 납득할 만큼 빈틈없이 실력을 쌓아야 한다. 어제 수십 번 반복했던 프레젠테이션 연습이 오늘 완벽한 피날레를 장식할 수 있다는 믿음이 되도록, 꾹꾹 눌러 필사한 오늘의 글 한 편이 내일 나의 글을 더 담백하게 만들어 줄 거라는 기대가 될 수 있도록 매일매일 믿음

의 근거를 내 몸에 새기자.

모든 기술과 노하우가 깊고 정교하게 새겨진 몸은 어떤 상황에서든 할 수 있다는 믿음의 근거가 된다.

코칭 질문

할 수 있다고 믿나요? 그렇지 않다면 오늘 어떤 근거를 몸에 새길 건가요?

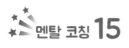
점진적
과부하

스미스 씨만큼 꾸준한 사람도 드물다. 그는 월요일부터 금요일까지 하루도 빠지지 않고 체육관에 나온다. 7시 50분부터 8시까지 몸을 풀고 8시부터 9시까지 운동한다.

스미스 씨는 내 또래로 보이는데, 사실 나는 그와 한 번도 얘기를 나눈 적이 없다. 그럼에도 내가 그를 스미스 씨라고 부르는 이유는 그가 거의 모든 운동을 스미스 머신(바벨이 양쪽 레일에 고정돼 있는 렉)에서 끝내기 때문이다. 스미스 머신에 10kg 원판 두 장과 8kg 덤벨 한 쌍을 가져다 놓고 한 시간 동안 야무지게 운동을 한 뒤, 9시가 되면 수건을 목에 걸치고 어김없이 자리를 떠난다.

그런 스미스 씨를 6개월 넘게 봐 왔다. 그는 꾸준하지만 내가 봐

온 6개월 동안 몸엔 아무런 변화가 없었다. 그리고 그렇게 10년을 더 한다 한들 그의 몸은 바뀌지 않을 거라고 나는 장담할 수 있다.

점진적 과부하의 원리

근성장을 위한 가장 중요한 원칙은 '점진적 과부하'다. 우리 몸은 현재 상태를 유지하려는 강한 힘을 가지고 있다. 사람 몸에는 30조에서 40조 개의 세포가 있고[19] 모든 세포는 항상성이라는 기본적인 성질을 가진다.

과부하는 이 항상성을 무너뜨릴 수 있는 정도의 자극이다. 무게, 세트 수, 반복횟수, 세트 간 휴식시간, 가동범위, 동작속도, 이 여섯가지 변수를 변화시켜 과부하를 주었을 때만 근세포의 안정적 질서가 깨진다.[20]

근조직이 찢어지고 손상되면, 즉 근세포의 안정적 질서가 깨지면 우리 몸은 초과 회복을 한다. 새로운 근신경을 연결하고 세포 내 환경을 변화시켜 다음에 같은 자극이 왔을 때를 대비하는 것이다.

근육은 손상과 초과 회복의 반복을 통해 성장한다. 스미스 씨가 몸을 키우기 위해서는 원판 하나를 더 쓰거나, 덤벨 무게를 올리거나, 운동시간을 늘리는 과부하를 줘야만 한다.

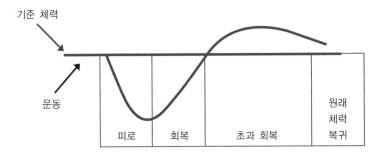

🏋 초과회복의 일반적인 적응 기전[21]

기준 체력

운동

| 피로 | 회복 | 초과 회복 | 원래 체력 복귀 |

🏋 운동의 과부하 원리[21]

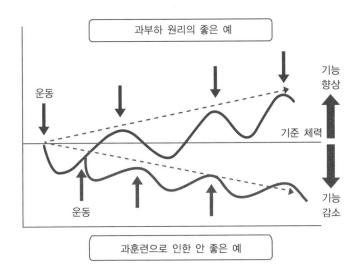

과부하 원리의 좋은 예

운동

운동

기능 향상

기준 체력

기능 감소

과훈련으로 인한 안 좋은 예

　우리가 운동 후 근통증에 집착하는 이유도 근통증은 과부하를 줬다는 증거이기 때문이다. 일정 수준 강도에 몸이 적응하면 과부하를 주고, 그 수준에 적응하면 또다시 과부하를 주는 과정이 반복돼야 한다.

과부하에 적응했다는 것은 그만큼 운동 수행능력이 높아졌다는 의미이고, 수행능력이 높아졌다는 것은 몸이 바뀌었다는 의미이다. 벤치프레스 80kg을 열 개 들 수 있는 '과거의 나'와 100kg을 열 개 들 수 있는 '현재의 나'의 몸은 외적으로 다를 수밖에 없다.

그렇다면 왜 과부하는 점진적으로 이뤄져야 할까? 항상성은 질병과 직결된다. 항상성이 급격히 무너지고 정상적인 생활리듬에서 벗어나면 병이 난다.

앞서 얘기했던 국가대표 보디빌더인 친구 현석이와 처음 운동했던 날, 어떻게든 쫓아가려고 내 무게보다 무겁게 들었다. 세트 수는 많고 쉬는 시간은 짧았다. 그날 저녁, 몸에 열이 나고 가슴이 두근거려 잠을 잘 수가 없었다. 다음 날엔 몸살이 와서 이틀 동안 출근도 못했다. 항상성이 급격히 무너진 결과였다.

항상성을 깨뜨리되 몸이 무너질 만큼이어서는 안 된다. 또한 과부하를 견딜 만한 관절과 인대가 준비되지 않은 상태에서 무리하게 자극을 높이면 부상을 당할 수도 있다.

회복시간을 줄이고 운동 빈도를 늘리는 것도 과부하를 줄 수 있는 한 방법인데, 충분한 회복시간 없이 무리하게 빈도를 늘리면 앞의 표(운동의 과부하 원리)에서 보는 것처럼 오히려 기능이 저하되고 만다.

다이어트에서도 점진적 과부하는 중요하다. 지금보다 덜 먹고, 더 많이 움직여서 항상성을 깨버려야 한다. 근육량을 늘리는 것과는 다르게 체중은 빠르게 줄일 수 있다. 한 달 만에 근육량 1kg 늘리기는 어려워도 몸무게 20kg 감량은 가능하다.

그럼에도 (시합 체중을 맞춰야 하는 선수가 아니라면) 체중 감량 또한 '점진적'이어야 한다. 숫자는 바뀌었지만 습관은 아직 저 뒤에 남아 있기 때문이다.

빠르게 체중을 감량했다면 지금까지 살아온 생활패턴을 크게 벗어나 있을 텐데, 습관이 뒤따라올 때까지 그러한 생활을 이어가기는 어렵다. 오히려 작은 습관을 점진적으로 바꿔 체중이 뒤따라오게 하는 방식이 끊임없이 반복되는 살과의 전쟁을 끊는 근본적인 방법이다.

기록 없는 도전 없고 도전 없는 성장 없다

점진적 과부하를 이어가기 위해서는 현재를 '기록'하고 끊임없이 기록에 '도전'해야 한다. 기록하고 도전하지 않으면 적당한 선에서 타협하게 된다. 분명 열 개는 들 수 있는데 여덟 개쯤에서 놔 버리고 만다. 그게 인간이다.

몸과 뇌는 항상성이 깨지는 스트레스를 원하지 않는다. 전에 열 개를 들었다면 열 개를 기록하고 열한 개에 도전해야 한다.

몇 번을 도전해도 열 개가 깨지지 않을 때 피드백이 시작된다. 영양을 바꿔 볼까, 빈도를 줄여 볼까, 그립을 바꿔 볼까, 호흡 컨트롤은 잘하고 있나, 협력근을 발달시켜 볼까, 한 달에 한 번은 스트랭스 훈련*을 해 볼까? 이렇게 여러 가지 가설을 세우고, 시도해 보고, 피드백하면서 성장이 일어난다.

나는 모든 웨이트 트레이닝 종목의 무게와 개수를 기록하고 매일 기록을 넘기 위해 훈련했다. 여덟 개를 들 수 있는 무게로 시작해 개수에 도전하고 열두 개가 넘어가면 무게를 올렸다. 매일 운동하는 것이 '원칙'이라면 이런 방식의 점진적 과부하는 내가 세운 '규칙'이다.

점진적 과부하는 몸을 만드는 데 국한되지 않는다. 모든 성장에 있어 중요한 원칙이다. 훌륭한 리더는 점진적 과부하를 이해하고 팀원의 눈높이에서 적절한 목표를 제시한다. (교사, 코치, 트레이너 등도 마찬가지다.)

같은 직급이라 해도 각 팀원 간 수준차이가 있기에 각각을 세심하게 살피는 노력을 기울이고, 자신의 수준과 팀원의 수준은 다를 수밖에 없음을 알고 기꺼이 팀원의 수준까지 내려가 고민하는 인내력을 발휘한다.

반면, 최악의 리더는 팀원의 성장(과부하)에 관심이 없거나 무조건 자기 수준에 맞춰 따라오길 기대한다.

내가 회사에서 만난 최고의 리더는 '네가 빨리 성장해서 회사에서

---

* 근육 크기에 집중하는 보디빌딩식 훈련이 아닌, 최대 근력을 키우는 데 집중하는 훈련. 일반적으로 보디빌딩식 훈련은 세트당 반복횟수를 8~12회 들 수 있는 무게를 다루지만 스트렝스 훈련은 세트당 5회 이하의 무거운 무게를 다룬다.

뿐만 아니라 업계에서 인정받는 인재가 됐으면 좋겠다', '내 유일한 관심은 너의 성공경험이다'라는 말을 자주 했다. 그리고 매주 월요일, 조금만 손을 뻗으면 닿을 것 같은 목표를 내게 줬다.

만약 나를 이끌어 줄 리더나 스승이 없다면 점진적 과부하를 이해하고 스스로 자신을 이끌어야 한다. 기록하고 도전하라. 현재를 깨기 위해 도전하지 않으면 성장은 일어나지 않는다.

매너리즘을 경계하라

매너리즘(mannerism)은 틀에 박힌 일정한 방식이나 태도를 벗어나지 못해 신선미와 독창성을 잃어버리는 것을 말한다. 우리 주변에는 어느 정도 성공을 맛본 뒤, 그 수준을 깨지 못하고 매너리즘에 빠져버린 사람들이 많다. 회사에서 그들은 '꼰대'라 불리고, 예체능계에서 그들은 '반짝 스타'로 사라진다.

배우 양동근은 최근에 한 TV 프로그램에 나와 자신이 10년 넘는 세월 동안 매너리즘에 빠져 있었음을 고백했다. 어린 나이에 '연기천재'라는 극찬을 들었던 그는 '이대로만 하면 되는구나'라는 생각으로 늘 비슷한 연기만 했다고 말했다. 매너리즘에 빠졌음을 깨닫고 난 후에도 그것을 깨기가 어려웠다고 했다.

기록하고 도전해야 한다. 연예인에게는 기록이라는 말보다 모니터링이라는 표현이 더 어울리겠다. 하나씩 하나씩 자신의 방식을 깨부수고 '초과 회복'을 할 때 성장이 일어난다.

자신을 부수고 새롭게 태어난 대표적인 사례가 가수 박효신이다. 나는 그가 1999년 '해줄 수 없는 일'로 데뷔했을 때를 기억한다. 세상에 없던 창법과 목소리에 대중들은 열광했다. 이후 유행처럼 그의 '소몰이 창법'을 따라 하는 가수들이 쏟아져 나와 인기를 얻었고, 점점 그러한 창법에 피로감이 쌓이기 시작했다.

그럼에도 불구하고 그의 '소몰이'는 남달랐다. '김나박이(가요 4대장으로 불린 김범수, 나얼, 박효신, 이수를 줄인 말)'라는 말이 있을 정도로 남자 보컬 하면 대중들은 박효신을 떠올렸다.

하지만 그는 현실에 안주하지 않고 자신을 깨뜨렸다. 3집부터 소몰이 창법의 단점으로 지적되던 가사 전달력 부족이나 감정과잉을 개선해 나갔고 목소리를 가볍고 날카롭게 다듬어 갔다. 발표하는 앨범마다 조금씩 달라지던 그의 창법은 6집과 7집 사이에 발표한 디지털 싱글 '야생화'에서 꽃을 피운다.

1999년 박효신의 데뷔 무대와 2014년 콘서트 무대에서 야생화를 부른 영상을 찾아서 비교해 보면 그가 얼마나 달라졌는지 느낄 수 있다. 그는 '오~'하는 반응을 끌어내는 가수에서 관객들을 말없이 눈물 흘리게 만드는 가수로 성장했다.

몰입의 통로

안타깝게도 대다수의 사람들은 기록하지 않는다. 기록의 중요성을 깨닫지 못하는 경우도 있고, 무엇을 어떻게 기록해야 하는지 모르는 경우도 있다. 조금 더 내면으로 들어가 보면 자신의 객관적 현재와 마주하는 두려움, 현재의 편안한 상태를 깨고 싶지 않은 게으름이 자리 잡고 있는 경우도 있다.

코칭을 통해 기록의 중요성과 방법을 깨달은 사람들은 점진적 과부하를 통해 이전보다 더 강하게 몰입한다. 점진적 과부하가 몰입을 가져오는 이유를 다음 그림과 같은 '플로우의 통로'를 통해 살펴보자.

◖◗ 플로우의 통로

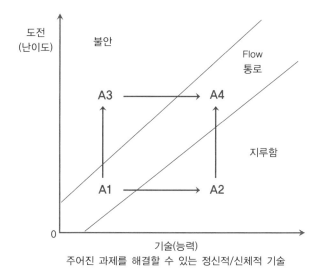

주어진 과제를 해결할 수 있는 정신적/신체적 기술

테니스를 처음 배우는 아이가 있다(그림에서 A1). 그림에서 아이가 당면한 도전과제는 네트 너머로 공을 쳐 내는 것뿐이다. 이는 어려운 도전과제가 아니지만 아이는 자기 수준에 맞는 일이기에 몰입을 경험한다.

아이가 실력이 쌓이면 이제 네트 너머로 공을 쳐 내는 일은 너무 쉽다. 같은 수준의 과제가 계속되면 '지루함'을 느낀다.(A2) 반면 아이가 테니스 선수와 시합을 하는 일은 너무 어렵다. 아이는 그런 상황에서 '불안감'을 느낄 것이다.(A3)

지루함과 불안감 모두 몰입을 방해한다.[22] 지루함을 느낀다면 과부하를 줌으로써 몰입의 통로에 들어올 수 있다. 한편 불안감으로 인해 몰입이 깨지지 않게 하려면 도전과제를 점진적으로 높여 가야 한다. 즉, 과부하가 없으면 지루함에 빠지고, 점진적이지 않으면 불안해진다. 현재를 기록하고, 기록보다 딱 한 걸음 더 나아가려는 노력이 몰입의 통로 안에서 지속적인 성장을 만든다.

피터 드러커는 '측정할 수 없으면 관리할 수 없고, 관리할 수 없으면 개선할 수 없다'라고 했다. 성과에 영향을 미치는 요소를 잘게 쪼개고 영향력이 큰 요소부터 측정, 기록해 보자.

객관적으로 측정하기 어려운 요소가 있다면 주관적 평가지표를 만들면 된다. 예를 들어 얼마나 집중했는지는 객관적으로 기록하기 어렵다. 그럴 때는 내가 느끼는 집중력이 1점에서 10점 중 몇 점이었는지 주관적으로 평가해서 기록하면 된다.

뇌에 가하는 과부하

나는 점진적 과부하를 뇌에도 적용하기 시작했다. 과거에는 머리 쓰는 일을 할 때 머리가 조금만 아파도 일을 멈추고 잠시 쉬어갔다. 두통은 해가 된다고 생각했기 때문이다.

지금은 집중의 끈을 붙들고 조금 더 밀어붙인다. 근통증을 반기듯 약간의 두통은 반가운 신호로 여기게 됐다. 이런 생각의 전환이 스트레스를 크게 줄여 줬다. 회사에서 부담되는 과업을 줘도 성장을 위해 자극을 높였다는 생각으로 덤볐다.

이제는 내가 일을 주도한다. 회사가 나에게 요구하는 수준보다 스스로 더 많은 과부하를 주고 있다. 업무 간 쉬는 시간을 줄이고, 루틴하게 돌아가던 업무도 어떻게 하면 더 빨리 끝낼 수 있을지 고민한다. 그렇게 아낀 시간으로 새로운 일을 벌인다. 회사를 위해서가 아니라 내 두뇌를 더 깊이 자극하고 확장한다는 마음이 동기부여가 됐다.

항상성을 넘으려는 매일의 노력은 정신적, 육체적 에너지를 소모시킨다. 초과회복을 해야 하므로 저녁이 되면 몸은 녹초가 되고 머리는 지끈거린다. 하지만 그만큼 기분 좋은 피로도 없다. 내가 의도한 피로이고, 회복시간을 거치면 한 단계 더 성장한다는 사실을 알기 때문이다.

당신은 지금 어느 수준에 있나요? 그 수준에 얼마나 오래 머물러 있

었나요?

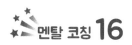

지금
여기

입안에 음식을 가득 넣고 다음에 먹을 음식을 응시하는 사람을 가끔 본다. 맛을 음미하거나 함께 먹는 사람들과 교감하는 즐거움은 필요 없는 듯 상당히 전투적이다. 식사를 마치면 단순한 배부름과 아깝게 빼앗긴 마지막 한 점에 대한 아쉬움만 남을 것 같다.

따뜻한 쌀밥에 오징어 젓갈만 살짝 올려 먹어도 입 안 구석구석 다채로운 맛과 식감을 느낄 수 있는데, 그 좋은 음식을 먹으면서도 다음 타깃에 대한 욕심 때문에 내 입안의 즐거움을 놓쳐 버리고 만다.

수능세대들은 책을 빨리 읽어야 한다는 강박증이 있다. 이제 더는

119

시험을 위해 글을 읽을 일이 없음에도 그 강박을 버리지 못한다. 문장을 제대로 이해하기도 전에 눈은 이미 다음 문장으로 가 있다. 생각과 감정은 뒤따라오기 바쁘다. 책이 재밌을 리가 없다.

나는 빨리 읽어야 한다는 강박을 내려놓고 나서부터 독서가 재밌어지기 시작했다. 이해가 되지 않으면 세 번이고 네 번이고 다시 읽는다. 아이러니하게도 느리게 읽으니 속도가 빨라졌다. 제대로 이해하니 책이 재미있고, 책이 재밌으니 다독을 한다. 다독으로 배경지식이 쌓이면서 속독이 가능해졌다.

나는 운동을 할 때, 지금 하고 있는 종목에 집중하지 못하곤 한다. 다음에 어떤 종목을 할지, 몇 세트를 할지, 다음에 쓸 기구를 다른 사람이 차지하고 있지는 않은지, 차지하고 있다면 몇 세트 남았을지, 체육관 이곳저곳을 두리번거린다.

마치 입안에 음식을 가득 넣고 다음 먹을 것을 응시하는 식탐가처럼, 문장을 제대로 이해하지 못한 채 다음 문장으로 눈을 옮기는 수험생처럼 '지금 여기'에 몰입하지 못한다. 몸의 모든 신경과 세포, 정신을 내가 이번 세트에 도전하는 무게와 개수에 집중해야 하는데 말이다.

성과는 '지금 여기'에서 만들어진다

심리학자인 미하이 칙센트미하이는 고도의 집중과 몰입상태를

'플로우(flow)'라고 이름 붙였다. 사람들이 몰입을 묘사할 때 '하늘을 자유롭게 날아가는 느낌' 또는 '물이 흐르는 것처럼 편안한 느낌'이라고 표현했기 때문이다. 이처럼 플로우는 현재 하고 있는 일에 심취한 무아지경의 상태를 말한다.

플로우 상태에서는 심리적 에너지를 현재 수행하고 있는 목표에 온전히 사용하기 때문에 확신에 찬 자아를 형성하고, 자신이 지니고 있는 능력을 최적으로 활용할 수 있다.[23]

틱낫한 스님도 '현재'에 머물 것을 강조했다. '우리가 미래를 걱정하거나 불안해 한다면 그만큼의 시간과 삶을 잃어버리는 것이다. 무슨 일을 하든 깨어있는 온 마음(mindfulness)으로 현재를 살라'는 가르침을 주었다.[24]

우리가 '지금 여기'에 있지 못하는 이유는 지나친 탐욕, 강박적 습관, 과거에 대한 미련, 미래에 대한 걱정과 불안 때문이다. 성과는 지나간 과거나 다가올 미래에 만들어지지 않는다. 성과는 바로 '지금' 그리고 '여기'에서 만들어진다.

몰입신호

골프선수 J는 매번 압박감을 안고 시합에 나갔다. 그리 넉넉한 형편이 아니었기에 J는 매년 어느 정도 상금은 확보해야만 했다. 그런 마음상태는 이전 홀에서 했던 실수에 대한 집착과 다음 홀에 대한 걱정을 불러왔다. 지금 여기, 이번 홀, 이번 샷에 있지 못했다.

압박감은 과거의 실패나 미래에 대한 불안으로부터 만들어진다. 지금 여기에는 압박감이 존재하지 않는다. 내 마음이 지금 여기에 있지 않을 때 그것을 빨리 알아차려야 한다. 알아차림만으로 다른 곳에 있는 마음을 불러올 수 있다.

그럼에도 불구하고 자꾸만 마음이 분산된다면 '몰입 신호'를 만들어 보자. 내가 J와 함께 만든 몰입신호는 '리셋-드래그&드롭'이다.

전에 쳤던 샷에 대한 생각을 깨끗하게 지우고 오롯이 새로운 공 앞에 선다(리셋), 조준한다(드래그), 간결한 스윙으로 공을 원하는 위치에 떨어뜨린다(드롭).

J는 아무런 감정 없이 정확한 작업만 수행하는 컴퓨터처럼 샷을 할 때마다 '리셋-드래그&드롭'만 생각했다. 효과는 바로 나타났다. 샷마다 가지고 있는 심리 에너지를 모두 쏟아부었으니 어쩌면 당연한 결과였다.

성적은 차치하고라도 J는 지금 여기에서 골프를 치는 게 행복하다고 했다. 처음 골프를 시작했을 때의 집중력, 즐거움을 회복했다고 말했다.

맛있게 먹고 싶다면, 빠르게 읽고 싶다면, 더 큰 어깨를 갖고 싶다면, 시합에서 승리하고 싶다면 그리고 삶의 모든 순간 행복감을 맛보고 싶다면 '지금 여기'에 집중해 보자.

'지금 여기'에서 플로우(flow) 상태를 경험한 순간을 떠올려 보세요. 자신의 능력이 100이라면 얼마만큼의 기량을 발휘했나요? 그 순간은 행복한 기억으로 남아 있나요?

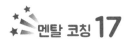

최소량의 법칙

독일의 화학자 유스투스 폰 리비히는 한 가지 의문을 가졌다.

'왜 똑같은 조건에서 자란 농작물이 수확할 때마다 크기가 달라지는가?'

그는 이 궁금증을 해결하기 위한 연구 끝에 '최소량의 법칙'을 발견했다. 최소량의 법칙이란 식물이 성장하는 데 필요한 모든 조건이 충족되더라도 결국 가장 부족한 조건에 맞춰 성장 수준이 결정된다는 이론이다. 즉, 식물의 성장은 공급되는 모든 요소의 합계가 아닌 공급이 가장 부족한 조건에 의해 좌우된다는 것이다. 여기서 공급이 가장 적은 요소를 '제한인자(limiting factor)'라고 한다.

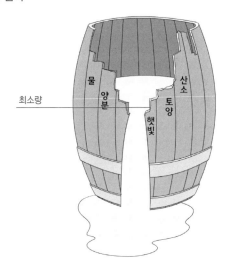

최소량

물 양분 산소 토양 햇빛

예를 들어 식물이 성장하는 데 필요한 요소가 토양, 산소, 양분, 햇빛, 물이라고 해 보자. 토양, 산소, 양분, 물이 100 수준으로 공급되더라도 햇빛이 60 수준으로 공급된다면 햇빛은 제한인자가 되고, 이 식물은 60 수준까지만 성장하게 된다.

나에게는 데드리프트*가 그랬다. 데드리프트는 주로 하체 뒷면과 등 근육을 타깃으로 하지만 전신운동에 더 가깝다. 가장 큰 움직임인 힙 드라이브**를 만들기 위해, 사용할 수 있는 모든 근육을 총동

---

* 웨이트 트레이닝을 대표하는 3대 운동(벤치 프레스, 스쿼트, 데드리프트) 중 하나로, 가장 무거운 무게를 다루는 운동. 상체를 앞으로 숙여 바닥에 놓여있는 바벨을 잡은 뒤 상체를 세우면서 들어 올리는 운동이다.
** 엉덩이를 밀어넣는 방법으로 인체에서 가장 크게 접을 수 있는 고관절을 접었다가 펴는 동작

원하여 바닥에 죽어 있는(dead) 무게를 들어올리는(lift) 운동이다. 나의 데드리프트는 한 달 가까이 110kg, 9회에 멈춰 있었다.

왜 수행능력 증가가 없을까 고민하던 중 나의 데드리프트 수행능력이 내게 가장 약한 부위인 코어 근육 수준에서 결정되지 않았을까 하는 알아차림이 있었다. 분명 하체와 등 힘은 남는데 몸통이 버티질 못했다. 내 가설이 맞는다면 코어 근육은 데드리프트를 하는 데 있어 '제한인자'가 되는 셈이다.

나는 코어 근육을 단련하기 위해 다른 부위의 세트 수를 줄이고 코어 운동에 시간을 더 썼다. 빈도도 주 2회에서 4회로 늘렸다. 등 운동 루틴에는 평소에 잘 하지 않던 백익스텐션(발을 지지대에 고정하고 허벅지 앞면을 패드에 댄 뒤 상체를 숙였다가 허리 힘을 이용해 드는 운동)을 넣고, 집에선 시간이 날 때마다 플랭크를 했다.

그렇게 2주가 지나고 드디어 110kg 10회에 성공했다. 그 다음주에는 11회를 들었다. 코어 근육이 데드리프트에서만 제한인자이었을 리 없다. 거의 전 종목에서 수행능력이 향상됐다. 특히 몸통이 버텨 줘야 하는 오버 헤드 프레스, 덤벨 숄더 프레스, 바벨 컬*에서 눈에 띄는 향상이 있었다.

의미 있는 변화는 영양에서도 일어났다. 몸을 만드는 데 있어서 또 어떤 제한인자가 있을지 생각하다 장(腸)일지도 모른다는 가설을

---

* 오버 헤드 프레스 : 바벨을 머리 위로 들어올리는 어깨운동
  덤벨 숄더 프레스 : 양손에 덤벨을 한 쪽씩 잡고 머리 위로 들어올리는 어깨운동
  바벨 컬 : 바벨을 이용한 이두운동

세웠다. 장이 민감해서 평소 주 3~4회는 설사를 했다. '비싼 보충제와 영양제 성분이 몸에 흡수되지 못하고 그냥 흘러나가지 않을까?'

장을 튼튼하게 만들면 근성장이 가속화될 것이라는 가설을 세우고 기름진 음식과 자극적인 음식을 피했다. 유산균도 구입해 아침, 저녁으로 챙겨 먹었다. 그 뒤로 설사를 거의 하지 않았다. 체중이 붙기 시작했다. 체지방량 변화 없이 순수하게 근육량만 증가했다.

당신의 제한인자는 무엇인가요?

최소량의 법칙에 관한 생각은 삶 전체 영역으로 넓어졌다. 선수들뿐만 아니라 만나는 사람마다 최소량의 법칙을 설명하고 '삶에서 제한인자가 무엇인지'를 물었다.

이 질문에는 힘이 있었다. 자신이 직면한 과제에서 제한인자가 무엇인지를 알아차리고 그것을 개선해 결과를 만들어 내는 사람들이 생겼다.

한 후배는 자신의 제한인자를 '실행'으로 뽑았다. 그는 1년에 책을 50권 넘게 읽는 다독가다. 아이디어가 많고 기록을 좋아해서 여러 가지 사업 아이템이 노트에 가득했다.

하지만 실행이 0이니 삶에 아무런 변화가 일어나지 않았다. 그는 인풋만 많고 아웃풋이 없어 몸으로 치면 비만이라고 자신을 꼬집었다. 후배는 '실행'에 집중해서 태울 것은 태우고 근육만 남기겠다고 했다.

제한인자를 발견하고 개선하는 데 주의할 점이 있다. 핵심적이지 않은 요소나 내 힘으로 해결 불가능한 것을 제한인자로 뽑으면 안 된다. 예를 들어 시끄러운 기찻길 옆에서 식물을 재배한다고 가정해 보자. '소리'라는 요소는 식물 재배에 그다지 핵심 요소는 아니다. 당장 소음을 없애는 것도 불가능하다. 이를 개선하겠다고 나서면 들어가는 비용과 시간 대비 얻는 것이 별로 없다.

야구에서 투수가 스프린트(단거리 달리기) 능력이나 내야수들의 수비력을 제한인자로 뽑는 경우가 이와 비슷하다. 스프린트 능력은 투수에게 핵심 성장요소는 아니며, 내야수들의 수비력은 투수가 해결할 수 있는 문제가 아니다. 스프린트를 제한인자로 여기고 시간을 쓴다면 들이는 노력 대비 얻는 것이 적을 것이고, 내야수의 수비력을 제한인자로 생각한다면 무력감만 느끼게 된다.

코칭 질문

현재 여러분이 직면한 과제를 성공으로 이끄는 핵심 요소들은 무엇인가요? 그중 성장을 가로막는 '제한인자'는 무엇인가요?

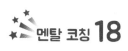

과정에
집중
하기

멘탈 관리에서는 '통제할 수 있는 것'과 '통제할 수 없는 것'을 구분하는 것이 매우 중요하다. 조금만 생각해 보면 무엇이 통제 가능하고 불가능한지 알 수 있다. 소위 '멘붕'은 자신이 통제할 수 없는 일에 집착하면서부터 시작된다.

우리는 결과를 통제할 수 없다. 중요한 내용이기에 다시 한 번 언급하겠다. '우리는 결과를 통제할 수 없다.' 시합에서 승리하는 것, 시험에 합격하는 것, 원하는 직장에 들어가는 것, 사업에 성공하는 것은 모두 결과다. 결과에는 통제할 수 없는 수많은 변수가 작용한다.

우리 회사에는 어떻게 입사했는지 의아할 정도로 일을 못하고 소통이 불편한 A가 있다. 한편 내 지인 B는 스펙이 화려하고 인간관계도 좋지만, 30대 초반이 지나도록 취업난에 허덕이고 있다.

왜 A는 취업에 성공하고 B는 실패했을까? 말했다시피 결과에는 너무 많은 변수가 있다. 크게는 취업 당시의 경기, 지원한 기업이 처한 상황, 인사정책의 변화 등이 모두 변수이다.

조금 잘게 썰어서 들어가 보면 1차 서류가 읽히느냐 마느냐, 읽힌다면 여러 인사담당자 중 누구에게 읽히느냐, 어떤 사람들과 면접에 들어가느냐, 어떤 면접관을 만나느냐, 그 면접관의 감정상태가 어떠한가도 변수로 작용한다.

잠시 한 연구결과를 살펴보자. 컬럼비아대학교의 조너선 레바브와 벤구리온대학교의 샤이 댄지거 교수가 이끄는 심리학자 팀은 이스라엘 감옥의 심의위원회를 이끄는 판사들이 약 10개월에 걸쳐 결정한 1,000건 이상의 사건을 살펴봤다.

평균적으로 판사들은 두 명의 죄수 중 한 명에게만 가석방을 허락하는 것으로 밝혀졌는데, 연구자들은 이들의 결정에 놀라울 정도의 전형성이 있다는 사실을 발견했다. 요컨대 아침 일찍 심사를 받은 죄수들은 65% 정도가 가석방이 허락된 반면, 오후 늦게 심사를 받은 죄수들은 10% 미만에게만 가석방이 허락됐다.

조금 더 세부적으로 살펴보면, 오전 중에는 10시 30분쯤 휴식시간을 갖고 간식으로 샌드위치와 과일을 먹는데, 간식을 먹기 바로 전에 심의를 받은 죄수의 가석방 확률은 고작 15%에 불과했다. 그에 비해 간식을 먹은 후에는 65% 정도가 가석방을 허락받았다.

똑같은 패턴은 오후에도 반복됐다. 점심시간인 12시 30분 직전에 가석방을 받은 확률은 20%, 점심을 먹은 직후에는 60%로 증가했다.

판단은 힘든 정신적 작업이다. 판사는 한 사람의 인생을 바꿀 수 있는 중요한 결정을 연이어 내려야 한다. 그때마다 이들의 뇌와 신체는 의지력의 핵심 성분인 포도당을 소모한다. 포도당이 고갈돼 있는지, 충전돼 있는지가 판사의 판단에 영향을 미친 것이다.[25]

이 연구결과를 보면 취업과정에서 무작위로 배정받는 면접시간도 변수로 작용함을 알 수 있다. 취업뿐만 아니라 시합, 시험, 오디션, 사업도 마찬가지다. 모두 우리가 직접 통제할 수 없는 변수가 개입된다.

우리가 통제할 수 있는 것은 오직 '과정'뿐이다. 결과는 과정이 모여 만들어진다. 금수저로 태어났거나, 복권에 당첨되는 것처럼 과정 없이 결과가 나오기도 하지만, 그러한 일이 내 삶에 일어나지 않았고, 앞으로도 일어나지 않을 것임을 인정해야 한다.

그것을 인정해야 신세한탄과 허황된 기대로 인생을 허비하지 않고, 내가 해야 하는 일과 할 수 있는 일에 집중하여 나아갈 수 있다.

모든 결과는 크고 작은 '선택'이 모여 만들어진다. 요행을 바라지 말자. 차근차근 내가 통제할 수 있는 과정을 쌓아가자. 그래야 좋은 결과가 따라온다.

선수의 과정

만약 당신이 투수라면 감독의 선택은 결과다. 감독의 결정은 내가 통제할 수 없는 영역이다. 감독이 나를 마운드에 올리느냐 마느냐에 집착해 봤자 달라지는 것은 없다. 나를 대신해 마운드에 오른 팀 내 경쟁자가 승리 투수가 되느냐 마느냐도 마찬가지다. 속으로는 그가 패전 투수가 되길 바랄지도 모른다. 하지만 내가 통제할 수 없는 것에 집착하느라 내가 할 수 있는 더 많은 것들을 놓쳐서는 안 된다.

내가 통제할 수 있는 것은 벤치에 앉아 상대 타자를 분석하는 것, 투구폼을 완벽하게 잡아가는 것, 힘 있는 공을 던지기 위한 최적의 몸을 만드는 것, 하나씩 집중해서 던져보고 피드백하는 것, 자제력을 관리해 가장 중요한 곳에 쓰는 것, 공격적인 선택을 하는 것, 좋지 않은 감정을 뒤집는 것, 판돈을 올려 동기를 강화하는 것, 관성을 이어가는 것, 먹지 말아야 할 것과 하지 말아야 할 것을 참는 것, 쿠키 세 개의 함정에 빠지지 않도록 주의하는 것, 자신이 세운 단 하나의 원칙을 지켜가는 것, 끊임없이 자기 대화를 시도하는 것, 감사를 말하고 긍정적인 언어를 사용하는 것, 마인드셋을 바꾸는 것, 몸으로 멘탈을 리드하는 것, 나의 현재를 기록하고 그것을 넘어서는 과부하를 만드는 것, 나의 제한인자를 파악하고 개선하는 것, 지금 여기에 머물기 위해 노력하는 것, 그렇게 내가 그보다 더 잘 던질 수 있다는, 스스로 납득할 만한 객관적 믿음을 만들어 가는 것이다. 이런 과정을 종잇장 쌓듯 하나하나 쌓아 가면 결과는 저절로 따라

온다.

실전에서도 오로지 과정에 집중해야 한다. 피안타율, 삼진 개수, 승패는 모두 결과다. 시합에는 무수히 많은 변수가 있다. 그러한 결과 때문에 고개를 떨궈서는 안 된다. 잘 던져도 타자가 잘 칠 수 있고, 타자가 잘 쳐도 우리 수비가 잡을 수 있다.

코리안 특급 박찬호 선수는 "투수는 무엇을 상대해야 하는가?"라는 질문에 "투수는 과녁을 상대해야 한다"라고 답했다. 상대 타자가 강타자이건, 이전 타석에서 홈런을 쳤건, 무사 만루 상황이건 상관 없다.

타자를 이기려고 하면 마음이 무너진다. 오직 자신이 의도한 과녁에 원하는 구질로 공이 들어가고 있는지에만 집중해야 한다. 그것이 투수가 통제할 수 있는 전부다.

감독의 과정

축구 선수와 감독생활을 합쳐 서른 개가 넘는 트로피를 수집하고 올해의 감독상을 수십 번 차지한 펩 과르디올라에게는 '결과 목표'인 우승보다 중요한 '과정 목표'가 있다. 그가 무엇에 집착하는지는 다음 기사가 잘 보여준다.

맨시티의 이번 시즌 출발은 순조로웠다. 지난 8월 아스널과 EPL 개막 전 2:0 승리를 시작으로 15라운드까지 무패를 질주했다. 그러나 12월에 들어서면서 제동이 걸렸다. 첼시와 크리스털 팰리스에 덜미를 잡혔고, 어느새 리버풀에 밀려 선두를 내줬다.

순위가 2위로 떨어졌지만 과르디올라 감독은 걱정하지 않았다. 그는 25일 영국 〈스카이 스포츠〉와와 인터뷰에서 "맨시티는 (지난 시즌) 우승 후에도 발전하고 있으며, 몇몇 부분은 지난 시즌보다 좋아졌다. 우리가 더 많은 시간을 함께 보냈기 때문이다"라며 오히려 지난 시즌보다 현재를 긍정적으로 평가했다.

과르디올라 감독은 수비 발전을 긍정적인 면으로 뽑았다. 맨시티는 높은 점유율로 경기를 주도하지만, 역습에 종종 취약한 모습을 나타냈다. 과르디올라 감독은 "우리의 과정, 빌드업, 강한 압박은 다른 움직임을 펼치도록 했다. (상대의) 공격을 막는 많은 대안을 가질 수 있게 됐다. 더 깊게 내려와서 수비할 때는 더욱더 단단해졌다"라고 만족감을 드러냈다.

지난 23일 팰리스 전 2:3 패배는 좋은 교훈이 됐다. 당시 맨시티는 78.3%의 점유율을 앞세워 경기를 지배했지만, 팰리스가 준비한 한 방에 연거푸 실점하며 일격을 맞았다. 기존의 팀 컬러만으로는 한계가 있으며 수비의 중요성을 다시 느꼈다. 한 수 아래인 팀에 당한 패배가 맨시티를 단련시킨 셈이다. 맨시티의 목표는 완전체다. 과르디올라 감독은 "20분을 남겨놓고 2:0 혹은 3:0으로 이기고 있어도 나는 끝날 때까지 안심하지 말라고 한다"라며 끝까지 완벽함을 강조했다.

– 정현준, '2위 추락' 펩이 1위보다 더 원하는 목표, Sportal Korea, 2018.12.26

78.3%의 점유율을 차지해도 질 수 있는 게 스포츠다. 결과는 알 수 없다. 과르디올라는 과정에 집중해야 함을 잘 알고 있다. 맨시티는 결과에 집착하는 대신 과정에 집중했고 해당 시즌 리버풀을 승점 1점차로 따돌리고 2년 연속 우승을 차지했다.

과르디올라는 선수들에게 이기라고 말하는 대신 아주 디테일한 과정에 대해 말한다. 그가 선수들 식단은 물론이고 코치진 식단까지 직접 챙긴다는 사실은 널리 알려져 있다.

맨시티의 측면 수비수 카일 워커는 BBC와의 인터뷰에서 "과르디올라 감독은 선수별로 어느 상황에, 어느 위치에서 패스를 받느냐에 따라 오른발로 공을 잡을지, 왼발로 잡을지까지 직접 지시합니다"라고 말했다.

경기결과는 통제할 수 없다. 하지만 선수들이 무엇을 먹고, 어떤 움직임을 가져가게 할지는 감독으로서 통제할 수 있다.

중계방송을 보면 팀이 5:0으로 이기고 있는 상황에서도 과정이 만족스럽지 못해 화를 내는 과르디올라의 모습을 자주 볼 수 있다. 심지어 해트트릭을 기록하고 교체 아웃되는 선수를 불러 세워 놓고 소리를 지르는 모습이 종종 카메라에 잡히기도 한다. 그가 결과가 아닌 과정을 얼마나 중요하게 생각하는지를 알 수 있는 장면이다.

과르디올라의 맨시티는 2019년 2월, 잉글랜드 FA컵 16강전에서 뉴포트 카운티를 만났다. 뉴포트는 4부 리그에 속한 팀으로, 1부 리

그 팀과의 경기 자체가 지역 축제가 되는 팀이다. 그런 팀과의 경기는 1부 리그 최정상 맨시티에겐 이미 승리나 다름없었다. 하지만 경기를 앞두고 과르디올라는 선수들에게 경고한다.

"모든 세부적인 것에 집중하고 진지하게 경기에 임해야 한다. 이 경기가 아닌 다음 경기를 생각하는 선수는 더 중요한 경기로 데려가지 않겠다."

경기결과는 맨시티의 4:1 승리. 맨시티는 뉴포트를 가볍게 누르고 FA컵 8강에 진출했다. 하지만 맨시티가 정해진 것이나 다름없는 '결과'에 집중하여 '과정'을 소홀히 여겼다면 어떻게 됐을까? 이변은 그럴 때 일어난다.

코칭 질문

결과에 집착하느라 과정을 소홀히 하고 있지는 않나요? 이미 일어난 일과 앞으로 일어날 일에 대해서는 어쩔 도리가 없습니다. 하지만 일어난 일에 어떻게 대응할지는 우리가 선택할 수 있고, 일어날 일에 영향을 미치는 과정도 충분히 통제할 수 있습니다. 기억하세요. 과정이 쌓이면 결과는 저절로 따라옵니다.

승리의
화신

몸이 한창 올라오고 있었는데 어깨가 또 아프기 시작했다. 고등학교 때 다친 어깨가 항상 말썽이라 불안한 동작에선 무리하지 않았는데도 갑자기 통증이 찾아왔다. 가슴, 어깨 같은 미는 운동은 아예 못할 정도로 아팠다. 당기는 운동도 어깨가 위로 올라가는 풀업(턱걸이)이나 렛 풀 다운(바를 넓게 잡고 내리는 등운동)은 할 수 없었다. 최소 한 달은 갈 듯했다. 지금까지 잘 달려왔는데 목표 달성에 새빨간 불이 들어왔다.

나는 선수들에게 항상 얘기한다. 이미 일어난 일을 되돌릴 수는 없지만, 일어난 일에 대한 우리의 행동은 선택할 수 있다고.

3볼 2스트라이크 상황, 바깥쪽 꽉 차게 들어간 직구가 볼로 판정 나서 볼넷을 내줬다면 그것은 이미 일어난 일이다. 투수는 선택할 수 있다. 심판에게 불만을 품은 채 다음 타자를 상대할지, 아니면 바깥쪽 꽉 차게 들어간 투구감을 기억하며 집중력을 이어 나갈지.

나는 통증으로 상체운동 대부분을 할 수 없게 된 상황에서 풀어지지 않고 더 강하게 조이는 쪽을 택했다. 딱 좋았다. 마침 하체가 부족하던 참이었다. 밀기, 당기기, 하체 3분할에서 하체, 상체 2분할로 루틴을 바꿨다. 하체를 할 땐 평소에 하지 않던 허벅지 안쪽과 종아리까지 구석구석 운동했다. 상체는 등 하부, 팔, 복근만 하고 마무리로 전완근을 단련했다.

고등학교 시절 읽었던 헬스 잡지에서 아놀드 슈워제네거가 했던 말이 생각났다. "상체의 시작인 전완근과 하체의 시작인 종아리가 중량운동과 부상 방지의 기초인데 사람들은 그 중요성을 간과한다." 나는 기초를 다진다는 마음으로 종아리와 전완근을 착실하게 채워 갔다.

하루 한 번 먹던 일반식도 현미밥과 소고기로 바꿨다. 근손실이 걱정되어 BCAA(L-류신, 이소류신, 발란 3가지로 구성된 아미노산으로 근합성과 근손실 예방에 도움을 주는 보충제) 섭취량까지 1.5배 늘렸다. 조이고 조였다. 왜인지는 모르겠지만 상체 주요 부위 운동을 못 하고 있는데도 오히려 몸이 좋아졌다. 하체 빈도가 높아져서 그런지 근육량도 빠르게 늘었다. 매일 저녁 파스로 어깨를 마사지하며 중얼거렸다. "그래도 감사하다. 이 정도라도 할 수 있어서, 빨리 나아라, 빨리 나아라."

11년간 메이저리그에서 뛰었던 에릭 핸슨은 시애틀 매리너스 소속 당시, 부상으로 2개월 동안 경기에 나가지 못한 일이 선수 생활 중 가장 값진 경험이었다고 했다.

에릭 핸슨은 팔이 나아지기만을 기다리지 않고 벤치에 앉아 경기를 관찰하고, 선수를 분석하고, 머릿속으로 끊임없이 이미지를 돌려 봤다. 그는 그 시기가 자신을 스포츠 심리학자처럼 만들어 줬다면서 선수생활 10년 동안 배운 것의 열 배 이상을 그 시기에 배웠다고 말했다.[26]

아무런 문제가 없을 때 하루에 한걸음씩 목표에 다가갔다면, 문제가 생겼을 때 할 수 있는 것에 집중하여 이틀에 반걸음씩이라도 다가가려는 노력이 필요하다. 어쩌면 느리게 걸으면서 그동안 놓쳤던 부분을 발견하게 될지도 모른다.

사실 나는 이 주제로 글 쓸 생각을 하지 못했다. 그런데 어느 토요일, 새벽 네 시에 일어나 노트북을 열고 이 글을 쓰게 됐다.

전날 밤 주차장에 주차할 자리가 없어서 일렬 주차를 했다. 주차장에 살짝 경사가 있어 기어를 중립에 해놓지 못하는 상황이었다. 자리를 고르고 고르다 제일 착해 보이는 하얀색 차 한 대를 살짝 가렸다.

그런데 하필 새벽 네 시에 그 차가 나가겠다고 전화를 했다. 졸린

눈을 비비며 차를 빼러 가고 있는데 차주는 늦었다며 뛰어오라고 짜증을 냈다. 새벽에 깨워서 미안하다는 말을 기대하지는 않았지만 차주의 짜증과 지지리도 운이 없음에 분노가 치밀었다. 하지만 그 또한 이미 벌어진 일이었다.

나는 짜증나는 상황을 어떻게든 좋은 방향으로 이용하고 싶었다. 그래서 다시 침대에 눕는 대신 아껴 뒀던 캡슐 커피를 한 잔 내리고 책상에 앉았다. 주제는 어렵지 않게 떠올랐다. 새 파일을 열고 '승화'라고 쓰고 나니 얼마 전 한 예능 프로그램에서 래퍼 딘딘이 했던 얘기가 생각났다.

〈힙합의 민족〉에 출연한 래퍼 한해는 다른 래퍼들을 디스하는 랩을 선보였다. 누구는 어떻고, 누구는 어떻다며 한 명씩 깎아내리던 한해는 딘딘을 디스할 차례가 오자 '딘딘은 딘딘'이라는 한마디로 딘딘에 대한 디스를 끝내버렸다. '딘딘은 거론할 가치가 없다. 딘딘은 그냥 딘딘이다'라는 뉘앙스였다.

딘딘은 자신에 대한 디스에 황당해 했다. 문제는 그다음이었다. 딘딘을 다룬 모든 기사 댓글에 '딘딘은 딘딘'이라는 말이 악플로 달렸다. 딘딘을 싫어하는 팬들은 그렇게 딘딘을 공격했다. 딘딘은 그 말이 한참 동안 트라우마로 남았다고 했다.

하지만 딘딘은 이를 멋지게 승화시켰다. '딘딘은 딘딘'이라는 곡을 만들어 버린 것이다. '딘딘은 딘딘'을 '난 나야'라고 해석해 냈다. 심지어 사건의 시발점이었던 한해를 피처링으로 섭외하기까지 했다. 곡 가사가 정말 끝내준다.

'한해가 쏘아 올린 공, 그 공 잡고서 Shoot it goal. 위기를 역습으로 바꾸는 swag.'

누구든 원치 않은 상황으로 인해 절망하고, 분노하고, 상처받는다. 우리는 마음을 무너뜨릴지, 그것을 승화시킬지 선택할 수 있다. 에릭 핸슨은 부상의 아픔을 타자를 상대하기 위한 심상으로, 딘딘은 마음의 상처를 스웩 넘치는 랩으로, 나는 분노의 새벽을 한 꼭지의 글로 승화시켰다. 우리 모두 아픔과 상처와 분노에 무릎 꿇지 않고 크고 작은 승리를 거뒀다.

승화, 나는 그것을 '승리의 화신'이라 부르고 싶다.

코칭 질문

혹시 절망에 빠져 있나요? 이 상황을 멋지게 승화시킬 방법을 떠올려 보세요.

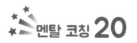

자기
이미지
그리기

'이제 거의 다 왔다. 한 달만 더 키우고 커팅(근육량을 최대한 지키면서 지방을 걷어내는 것)하면 20대 중반에 내가 가졌던 몸을 뛰어넘어 목표를 달성할 수 있다.'

그렇게 생각한 순간 성장이 멈췄다. 그 상태로 꽤 오랜 시간이 지났다. 한 달 가까이 수행능력 향상도 거의 없었다. 정체하고 있음을 인지하고 나서도 머뭇거렸다. 운동도, 식단도 분명 더 할 여지가 있는데 하지 않았다. 나는 왜 성장을 두려워하고 목표 달성을 지연시켰을까? 시간이 한참 지나서야 내가 머뭇거리고 있는 이유를 알아차렸다.

심리학에는 '인지 부조화'라는 개념이 있다. 사람은 자신이 믿는 신념(생각)이 실제 행동(결과)과 다를 경우 불편함을 느끼고 신념과 행동을 일치시키는 방향으로 불편함을 해소한다. 예를 들어 어떤 사람이 담배를 피우면 안 된다는 사실을 알면서도 담배를 피웠다면, 그 사람은 불편함을 느낀다. 담배를 피우면 안 된다는 '생각'과 담배를 피웠다는 '행동'이 일치하지 않기 때문이다.

그는 두 가지 방법으로 인지 부조화의 불편함을 해소할 수 있다. '담배는 정서 안정과 관계에 도움이 된다'라며 생각을 바꾸거나 '이제 다시는 담배를 피우지 않겠어'라며 행동을 바꾸는 것이다.

인지 부조화를 확장해서 생각해 보자. 자신이 생각하는 '자기 이미지'와 실제로 벌어지고 있는 결과(행동)가 다르면 어떨까. 마찬가지로 불편함을 느낀다. 정도에 따라 불편함을 넘어 불안과 두려움을 겪는 경우도 있다.

늘 전교 1등을 하던 친구가 딱 한 번 1등을 빼앗기고 나서 엎드려 우는 모습, 심지어 자살까지 시도하는 이유를 인지 부조화 관점에서 이해할 수 있다.

한편 항상 전교 100등 언저리에 머무르던 친구는 전교 1등을 할 만한 노력을 하지 않는다. 그저 그 상태가 편안하다. 자기 이미지를 전교 1등으로 그리는 순간 인지 부조화가 일어나고, 현재와는 수준이 다른 노력을 기울여야 하기 때문에 편안한 심리상태는 불안과 불편함으로 바뀌게 된다.

내가 그리는 자기 이미지의 함정

내가 성장을 두려워하고 목표 달성을 지연시킨 이유는 나의 이미지를 '평범한 회사원'으로 그리고 있었기 때문이다. 그래서 일 잘하고, 자기관리도 철저한 모범적인 회사원으로서의 생활이 심리적으로나 육체적으로 만족스럽고 편안했다.

만약 내가 나의 이미지를 '멘탈 코치'로 그리고 있었다면 운동 목표를 빠르게 달성하고 다음 목표인 책 쓰기에 착수했을 것이다. 의식적으로는 멘탈 코치로서의 목표를 늘 염두에 두었음에도 무의식에 심어져 있던 자기 이미지는 아직도 그대로 남아있음을 알아차렸다. 그것이 나를 한 달이나 안주하게 했다.

목표를 다시 점검하고 매일 멘탈 코치로서의 이미지를 그렸다. 그럴수록 몸과 마음은 불편해졌다. 나는 다시 강도를 높여 속도를 내기 시작했다.

공교롭게도 이 알아차림이 있고 난 얼마 뒤, 비슷한 상황에 빠진 직장인 J를 코칭하게 됐다. 10kg 감량을 목표로 운동과 식단을 병행하고 있는 그녀는 살아오면서 스스로 설정한 목표를 한 번도 실패한 적이 없었다.

하지만 다이어트에서만큼은 예외였다. 4~5kg 감량 후 계속 제자리로 돌아오기를 반복하고 있었다. 나는 J에게 물었다.

"10kg 감량에 성공하면 삶에 어떤 변화가 생기기 시작할까요?"

목표 달성을 상상하고 있는 J의 표정은 그리 좋지만은 않았다. 나는 목표 달성 반대편에 무언가가 있음을 알아차렸다. 몇 번의 질문과 대답이 오간 끝에 그 반대편에 무엇이 있는지 알게 됐다. 그것은 다름 아닌 '주름'이었다.

평소 J는 나이에 비해 다섯 살 이상 어려 보인다는 말을 자주 들었고 자신도 그렇다고 생각했다. J는 동안이라는 '자기 이미지'를 갖고 있었다. 하지만 4~5kg 정도 감량한 지점부터는 생각이 많아졌다. 여기서 더 빼면 얼굴에 주름이 생길 수 있다는 생각이 J를 멈춰 서게 만들었다. J는 자신도 모르게 다이어트에 속도를 늦춰 동안이라는 자기 이미지를 지키고 인지 부조화에서 오는 불편함을 해소한 것이다.

나는 J에게 동안을 지키고 다이어트에도 성공할 수 있는 방법을 제안했다. 첫째, 기간을 길게 잡고 서서히 감량할 것. 둘째, 물을 많이 마시고 음식을 과도하게 제한하는 다이어트는 하지 않을 것. 셋째, 모임이나 야식을 피하면서 아낀 돈을 피부에 투자할 것. 마지막으로 굳이 10kg이 아니더라도 동안이라는 자기 이미지를 지킬 수 있는 선까지만 감량하고 유지에 집중할 것.

나는 종종 선수의 자기 이미지를 바꾸기 위한 코칭을 한다. 하지만 J에게는 동안이라는 자기 이미지도 소중했기에 그것을 바꾸려는 코칭을 하지 않았다. 자기 이미지를 바꿀지 바꾸지 않을지는 동안을 지킬 수 있는 선까지 감량했을 때 J가 판단해야 할 몫으로 남겨 뒀다.

결과는 어떻게 됐을까? J는 10kg 감량을 넘어 12kg까지 감량했고 근육량까지 늘렸다. J는 천천히 다이어트를 진행하면서 자기 이미지를 동안이 아닌 건강하고 탄탄한 몸을 가진, 운동하는 여자로 바뀌 나갔다.

자기를 바라보는 두 가지 관점

스탠포드대학의 캐롤 드웩 교수는 '자기를 바라보는 두 가지 관점'이 존재한다고 했다.

하나는 지능, 신체능력, 성격이 타고난 대로 고정돼 있다는 '고정형 사고방식'이고, 다른 하나는 그것들이 노력을 통해 변할 수 있다는 '성장형 사고방식'이다.

고정형 사고방식을 가진 사람은 자신이 가지고 있거나, 그렇지 않은 것에 대해서만 생각한다. 성장형 사고방식을 가진 사람은 자신이 원한다면 무엇이든 배우고 익힐 수 있다고 생각한다.[27]

고정형 사고방식을 가진 사람은 자기계발서를 좋아하지 않는다. 책에 나온 얘기는 그저 남의 얘기라고 생각한다. 성장형 사고방식을 가진 사람은 자기계발서에서 나도 할 수 있다는 영감을 받는다.

고정형 사고방식을 가진 사람은 막히는 순간 연습을 멈추고, 성장형 사고방식을 가진 사람은 막히는 순간을 성장의 기회로 삼는다.

성장형 사고방식을 가지고 있는 이들 중 일부는 나이에 대한 고정된 사고방식도 깨 버린다. 대부분의 사람은 나이가 들면서 성장이 아닌 유지에 마음을 둔다. 특히 운동선수들은 더 그렇다.

하지만 나이가 든다고 퍼포먼스가 떨어지는 것은 사실인가 생각인가. 크리스티아누 호날두(85년생), 르브론 제임스(84년생), 로저 페더러(81년생), 세레나 윌리엄스(81년생), 즐라탄 이브라히모비치(81년생) 같은 선수들을 보면 나이와 퍼포먼스의 상관관계도 어느 정도 고정된 생각인 듯하다.

그들은 30대 중후반 나이에도 20대 선수들을 압도한다. 이런 선수들은 나이와 상관없이 여전히 자기 이미지를 최정상으로 그리고 있다. 물론 이 선수들도 언젠가는 정상에서 내려오겠지만 30대 초반에 커리어를 마감하는 선수들과는 분명 다른 자기 이미지를 그려왔을 것이다. 그리고 그들이 스스로 그린 자기 이미지와 나이가 들수록 쇠퇴하는 운동능력의 차이를 좁히기 위해 어떤 노력을 하고 있는지는 여러 매체를 통해 잘 알려져 있다.

오랫동안 호날두를 지켜본 박지성은 호날두를 가장 부지런한 선수로 기억하고 있다. 가장 먼저 훈련장에 나타나고, 가장 늦게 나가는 선수였다고 말하면서 호날두가 어떻게 훈련을 준비하고, 어떻게 훈련에 임하고, 어떻게 생활하는지를 보면 당연히 세계 최고가 될 수밖에 없다고 말했다. 호날두의 자기관리는 곧 몸상태로 이어진다. 최근 유벤투스로 이적하며 실시한 메디컬 테스트 결과 호날두는 체지방률 7%에 근육량이 몸무게의 50%에 달하면서 신체나이가 20세로 확인됐다. 서른넷인 자신의 나이보다 14세가 어린 신체나이는 곧 훈련량에 기초한다.
– 조용운, 호날두, 유벤투스에서도 '훈련 가장 먼저, 가장 늦게까지', Spotal Korea

르브론 제임스의 신체조건은 신장 203㎝, 체중 110㎏이다. 인간의 관절과 인대는 110㎏이 넘는 몸이 시속 32㎞로 달리고 1m 이상 점프할 때 동반하는 어마어마한 충격을 견뎌낼 수 있도록 진화하지 않았다. 그럼에도 203㎝, 110㎏의 제임스가 초능력이라고 평가받는 내구성을 지닌 것은 젊은 신체나이를 위해 매년 17억 원을 투자해 관리하기 때문이다.
– 편집팀, '몸 관리가 중헌' 스포츠 스타들, 자기 몸에 얼마나 쓸까?, pub.chosun.com

안타깝게도 운동선수 중에는 자기 이미지를 국가대표, 올림픽 금메달리스트로 그리지 못하고 현재에 만족하는 경우가 많다. 그저 운동으로 밥벌이 하고 있음에 안도한다.

자기 이미지를 국가대표, 올림픽 금메달리스트로 그리지 못하는 선수들은 대부분 고정형 사고방식을 가지고 있다. 자기 이미지를 그리는 데 부모님이나 같은 팀 동료, 같은 학교 출신을 참고한다.

이런 선수들은 행동을 높이는 대신 신념을 낮춤으로써 인지 부조화에서 오는 불편함을 회피한다. 무엇이든지 타고난 재능이 중요하고 연습을 통한 성장에는 한계가 있다고 믿기 때문에 평범한 수준의 노력이 전혀 불편하지 않은 것이다.

재능이 먼저가 아니다. 자기가 원하는 이미지를 그리는 게 먼저다. 노력은 그다음, 재능은 그다음 아니면 그다음 다음 어디쯤이다. 재능이 1번이었다면 '농구 황제' 마이클 조던이 고등학교 농구팀에

선발되지 못했던 일, '국민 영웅' 박지성이 고교 졸업 후 프로 2군 입단 테스트에서 떨어지고 결원이 생긴 대학팀으로 간신히 들어갔던 일을 설명할 수 있어야 한다.

타고난 격투가처럼 보이는 코너 맥그리거는 UFC에서 10년 동안 무패였던 조제 알도와의 경기를 앞두고 짧은 영상을 공개했다. 맥그리거는 케이지에 기대앉아 덤덤한 표정으로 말했다.

"여기에 재능은 없다. 엄청난 훈련만이 있다. 일종의 강한 집착이다. 재능은 존재하지 않는다. 우리는 모두 동등한 인간들이다. 당신이 시간을 들여 노력한다면 그 누구도 될 수 있다. 정상에 도달할 것이다. 그것이 전부다. 난 재능이 없다. 집착할 뿐이다."

맥그리거는 이 영상을 공개하고 나서 며칠 뒤 UFC 193에서 조제 알도를 13초 만에 쓰러뜨리고 페더급 정상에 올랐다.

자기 이미지가 노력의 강도를 결정한다. 또한 어떤 방향으로든 성장할 수 있다는 믿음이 더 나은 자기 이미지를 그리게 해 준다. 나는 오늘도 평범한 직장인이 아닌, 모든 선수가 만나고 싶어 하는 멘탈 코치로서의 모습을 그린다. 현실과의 부조화에서 느껴지는 어마어마한 불편함과 함께.

어떤 자기 이미지를 그리고 있나요?

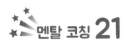

위너
이펙트

컴퓨터 게임을 꽤 진지하게 하는 후배가 찾아와 조언을 구했다. 슬럼프에 빠졌다고 했다. 게임을 같이하는 여덟 명의 친구 중 1위는 수년간 자기 몫이었는데 어느 순간부터 계속 지고 있다고 했다. 비록 취미로 하는 게임이지만 잠을 자지 못할 정도로 자존심이 상한다고 말하는 후배의 표정은 사뭇 진지했다.

비록 그것이 게임이어도 나는 이해할 수 있다. 앞에서 우리는 자기 이미지와 실제로 펼쳐지는 결과가 다를 때 어떤 고통과 불편함을 느끼게 되는지 살펴봤다. 후배가 가진 자기 이미지는 '1인자'였고 그 생각을 바꾸고 싶지 않았다. 어떻게든 결과를 바꿔 자기 이미지를 되찾고 싶어 했다.

나는 후배에게 8명 중 몇 등까지 순위가 내려갔냐고 물었다. 순위를 따지는 방식이 명확하진 않지만 자기를 눌렀다고 생각하는 놈들이 둘 있다고 했다. 그 둘이 실력이 늘었거나 본인 실력이 줄었냐고 물었다. 아니라고 했다.

나는 후배에게 6위쯤 하는 친구와 두 번, 5위쯤 하는 친구와 두 번 붙어보고 곧바로 둘 중 한 명을 찾아가라고 했다. 후배는 5, 6위가 무조건 이길 수 있는 상대라 그들과는 연습이 안 된다고 했다. 나는 그가 빠진 문제가 연습으로 키울 수 있는 '실력의 문제'가 아니라 전과는 달라진 '마음의 문제'라는 점을 이해시켜야 했다.

승자의 뇌 만들기

내가 그 후배에게 충분히 이길 수 있는 상대와 붙어보라고 한 이유는 '위너 이펙트(Winner Effect)' 때문이다. 위너 이펙트, 즉 승자효과는 한 번 이겨본 개체는 다른 싸움에서도 이길 가능성이 높다는 생물학적 이론이다. 신경 심리학 권위자인 이안 로버트슨 교수는 이 이론이 인간에게도 적용된다고 말한다.

사람이 경쟁에서 승리하게 되면 테스토스테론이 증가하고 '지배적인 행동'이 강화된다. 테스토스테론은 경쟁상황에서 더욱더 적극적으로 행동하게 해 주며 경기에 온전히 집중하게 해 준다.

지배적 행동이란 똑바로 선 자세, 폼을 재는 듯한 걸음걸이, 정면으로 마주 보는 시선 등을 말한다. 이런 행동은 '리딩 동작(94쪽 내용 참조)'과 같은 원리로 자신의 수행능력과 그것을 바라보는 상대에게 영향을 미친다.

작은 승리라 할지라도 이기면 이길수록 테스토스테론과 지배적 행동이 강화되고 위닝 멘탈리티가 만들어진다.

이안 로버트슨 교수는 그의 책《승자의 뇌》에서 위의 주장을 뒷받침할 만한 실험사례를 소개한다. 공격적인 성향을 가진 푸른 개복치를 세 그룹으로 나누고 A 집단은 개복치 혼자, B 집단은 개복치보다 덩치가 큰 물고기와 함께, C 집단은 개복치보다 작은 물고기와 함께 지내도록 했다.

5일이 지나고 세 집단의 개복치를 다시 한 어항에 풀어 놓았을 때 어떤 일이 일어났을까? 덩치 큰 물고기와 함께 지낸 B그룹 개복치들은 스트레스를 받아 공격성이 낮아졌고, 덩치가 작은 물고기와 함께 지낸 C그룹 개복치들은 더욱 강해진 공격성과 지배적 행동을 나타냈다.[28]

패하는 게임이 많아지면서 후배에게 어떤 일이 일어난 걸까? 지배적 행동은 점차 약화되고 그것은 자신에게, 그리고 상대에게 영향을 미쳤을 것이다. 반대로 1인자를 몇 번 이겨 본 그들은 똑바로 서서 후배를 깔아보며 말했을 것이다. "연습은 좀 하고 왔냐?"

마찬가지로 그런 지배적 행동은 그들 자신에게, 그리고 후배에게 영향을 미친다.

집중력에서도 차이가 생긴다. 예전에는 본능과 무의식이 손을 움직였다면 지금은 버튼 한 번을 누를 때마다 의심이 깃든다. 또 질 수도 있다는 생각과, 졌을 때 겪게 될 고통에 대한 두려움이 개입되어 게임에 온전히 집중하지 못한다.

나는 후배에게 말했다. 5, 6위 친구들에겐 미안한 일이지만 그들을 이용해야 한다고.

이러한 승자효과를 실제 스포츠에 이용한 사례가 있다. 마이크 타이슨이 3년간 감옥생활을 마치고 복귀한 첫 경기, 그의 상대는 무명에 가까운 복서 피터 맥닐리였다. 경기 전, 잔뜩 흥분한 피터 맥닐리와는 달리 타이슨의 표정은 아주 평온해 보였다.

경기가 시작되자마자 맥닐리는 적극적으로 달려들었지만 타이슨은 마치 섀도복싱을 하듯 스텝을 옮기며 짧고 간결한 펀치를 이어갔다. 타이슨의 복귀전을 보기 위해 윌 스미스, 덴젤 워싱턴, 짐 캐리 등 유명 스타들까지 모여들었으나 경기는 89초 만에 아주 싱겁게 끝나버렸다.

타이슨의 두 번째 상대는 가슴이 축 처지고 체지방이 20%는 넘어 보이는 매티스 주니어. 두 번째 경기도 타이슨은 3라운드 KO로 쉽게 승리를 따낸다.

두 번의 경기에서 쉽게 이긴 타이슨은 3개월 뒤, WBC 헤비급 챔피언 프랭크 브루노와 맞붙는다. 이 경기에서 타이슨은 브루노를 3라운드 KO로 때려눕히고 다시 한 번 세계 챔피언 자리를 차지한다.

후에 타이슨의 프로모터인 돈 킹은 앞서 치른 두 경기는 세계 챔피언이 되기 위한 작전이었다고 밝혔다. 그는 일부러 약한 상대와 복귀전을 치르게 하여 작은 승리가 주는 효과를 만든 것이다.[29]

후배는 내가 조언해 준 대로 5, 6위 친구들을 이기고서 둘 중 한 명을 상대해 승리를 거뒀다. 나머지 한 명은 더 쉽게 해치웠다.

후배는 마음의 문제를 해결했다. 승자효과가 생활 전반에 긍정적인 영향을 미치고 있다고 후배는 말했다. 당연하다. 다시 잠을 잘 자는 것만으로도 신체리듬이 정상화되고, 지배적 행동과 테스토스테론이 일터나 모임에서도 적극성과 집중력을 발휘하게 해 줬을 테니 말이다.

작은 승리 챙기기

승리를 쌓아 승자효과를 얻고 싶은데 이겨야 할 대상이 없다면 자신과의 싸움에서 승리를 챙겨 보자. 아침 일찍 일어나는 것, 일어나서 침대를 깨끗하게 정돈하는 것부터 시작해 보는 것은 어떨까?

오사마 빈 라덴 체포작전을 진두지휘한 해군 제독 윌리엄 맥레이븐은 텍사스대학교 졸업식 연설을 이렇게 시작한다.

"세상을 변화시키고 싶으세요? 침대 정돈부터 똑바로 하세요."

그리고는 침대 정돈을 통해 얻은 승자효과가 어떤 변화를 일으키는지 연설을 이어간다.

"매일 아침 잠자리를 정돈한다는 건 그날의 첫 번째 과업을 달성했다는 뜻입니다. 작지만 뭔가 해냈다는 성취감이 자존감으로 이어집니다. 그리고 또 다른 일을 해내야겠다는 용기로 발전합니다. 하루를 마무리할 무렵이 되면 아침에 끝마친 간단한 일 하나가 수많은 과업완료로 바뀌게 됩니다."[30]

나는 운동에서 하루 최소 한 종목은 전에 들었던 무게를 넘어서려고 한다. 음식 유혹을 이겨내고, 오늘은 좀 쉬어도 된다는 내면의 목소리를 이겨낸다. 나 자신과의 싸움에서 하루에 몇 개씩 작은 승리 경험을 남기는 것, 그것이 '승자의 뇌'로 목표를 이뤄 가는 방법이다.

코칭 질문

오늘 자신과의 싸움에서 몇 번 승리하고 몇 번 패배했나요? 만약 승률이 100%였다면 내일은 어떤 마음으로 하루를 시작하게 될까요? 한 주와 한 달은, 그리고 1년은 어떻게 달라질까요? 완벽하게 승리하는 하루를 만들어 보세요.

언어를
바꾸면
실력이 바뀐다

야구 아카데미에 코칭하러 갔을 때 일이다. 지인 코치님들과 함께 팀을 짜서 들어갔다. 중·고등학교 선수들, 그들의 부모님, 그리고 현재 프로 2군에서 뛰고 있는 선수들이 참석했다. 내가 대표로 1시간 정도 강의를 한 뒤, 개별 코칭을 진행하는 일정이었다.

강의시간이 가까워지자 사람들이 모이기 시작했다. 우리는 각자 흩어져 강의시간보다 일찍 도착한 선수들에게 무엇을 기대하고 이 자리에 왔는지 물어보기로 했다. 나는 맨 뒷자리에 앉아있던 L에게 다가갔다.

L은 부정적인 선수였다. 그의 언어는 불만, 불안, 시기, 원망으로

가득 차 있었다. 훈련 시스템에 대한 불만, 1군으로 못 갈 수도 있다는 불안, 동료선수에 대한 시기, 코치진에 대한 원망이 거침없이 쏟아져 나왔다.

나는 곧 강의하러 올라가야 했기에 어쩔 수 없이 L의 얘기를 끊고 말했다. 강의를 안 들어도 좋으니 지금 나에게 했던 말과 미처 다하지 못한 말을 종이에 적어 보라고. 그리고 강의가 끝나면 적은 것을 보면서 1:1 코칭을 해 보자고 했다.

강의를 마치고 L과 다시 마주앉았다. 나는 L이 적은 내용을 읽어 보고 나서 물었다.

"종이에 적은 이 내용은 사실인가요, 아니면 생각인가요?"

L은 무언가를 말하려고 하다 이내 입을 다물었다. 나는 또 한 번 물었다.

"팀에 불만족하고 있는 선수와 만족하고 있는 선수는 몇 대 몇 정도 되나요?"

L은 잘 모르지만 일부 선수들은 큰 불만 없이 훈련을 받고 있다고 했다.

왜 똑같은 상황에서 다른 감정이 생길까

왜 똑같은 상황에서 어떤 이들은 불만을 품고 어떤 이들은 묵묵히 훈련에 매진할까? 우리는 어떠한 사실을 본 뒤 그것에 대해 생각하고, 생각이 말이 되어 나온다고 생각한다. 하지만 어떤 일을 계기로 신념이 한 번 형성되고 나면 말은 사실과 관계없이 던져지고, 말한 대로 생각하고, 그것이 사실이라고 믿게 된다.

L은 현재 팀과 시스템에 대한 부정적인 신념을 가득 안고 있었다. 신념을 바꾸는 근본적인 방법은 그 신념의 뿌리를 찾아내는 데 있다. 신념이 형성되는 과정에서 일어난 잘못된 일반화, 왜곡, 편집 등의 과정을 찾아 그것이 잘못됐음을 밝혀낸다면 부정적인 신념을 바로잡을 수 있다. 그러면 말이 바뀌고 생각이 바뀐다.

물론 말처럼 쉽지는 않다. 신념의 뿌리를 찾아 들어갔을 때 L의 신념이 명백히 틀렸음을 밝혀낸다면 다행이지만, L의 신념에 별다른 오류가 없을 수도 있다. 완벽한 조직이란 없다. 대부분 긍정적인 면과 부정적인 면이 뒤섞여 있다.

그렇다면 어떻게 해야 할까? L에게 부정적인 면과 더불어 긍정적인 면도 인지할 수 있게 도운 뒤에 둘 중 어떤 신념을 가질지 선택하게 하면 된다. 어떤 신념이 꿈을 이루는 데 도움이 될지 이성적으로 판단해 보면 선택은 쉽다.

나는 L에게 몇 가지 불만에도 불구하고 팀이 가진 좋은 점을 적게 했고, '딱 좋아'와 '하지만'을 이용해서('멘탈 코칭 02' 참조) 긍정적인 면을 보도록 도왔다. L이 말했다.

"이성적으로는 긍정적 신념을 가져야 한다는 걸 알지만 마음이 움직이지 않아요."

나는 억지로 긍정적인 말을 내뱉고 되풀이하라고 했다. 부정적 신념을 갖게 된 방식과 같은 방식으로 말버릇을 만드는 방법이다. 내뱉는 말이 사실이 아니어도 상관없다. 긍정적으로 일반화시키고, 과장하고, 왜곡하고, 부정적인 부분은 삭제시키면 그만이다. 어차피 부정적인 신념도 그렇게 만들어졌다. 내가 내뱉은 대로 상상하고 정말 그렇다고 믿으면 신념은 조금씩 변하기 시작한다.

미국 뇌 전문 과학자들의 연구에 따르면 사람의 뇌세포 230억 개중 98%가 말의 영향을 받는다고 한다. 그래서 최근 의학계에서는 '뇌 속에 있는 언어 중추신경이 모든 신경계를 다스린다'라는 학설을 바탕으로 한 언어치료법이 개발되고 있다.

말에는 놀라운 힘이 있다. 싫다고 말하면 싫어진다. 어렵다고 말하면 어려워진다. 그것이 무엇이든 말하는 대로 된다. 변화가 즉각적으로 나타나지 않아서 알아차리지 못할 뿐이다. (노파심에서 하는 말이지만 '멘탈 코칭 14'에서도 말했듯이 믿음의 근거가 있다는 전제하에 그렇다는 것이다. L에게 부정적인 면이 사실이 아니라 생각임을 인지하게 만든 것, 팀의 좋은 면을 보도록 도운 것은 긍정적 언어를 사용하는 데 있어 믿음의 근거가 된다.)

주변 사람들에게서 '쟤 갑자기 왜 저래?'라는 말을 들을까 봐 걱정될지도 모른다. 만약 그런 시선 따위가 걱정되어 말버릇을 바꾸는 데 주저한다면 아직 성공이 간절하지 않은 것이다. 옛 인디언 속담에는 "당신이 생각하고 있는 말을 1만 번 이상 반복하면 당신은 그런 사람이 된다"라는 말이 있다. 1만 번까지도 필요 없다. 백 번만 반복하면 다른 사람도 나에 대한 인식을 바꾼다.

L이 말로 신념을 바꾸고 긍정적 자세로 팀 훈련에 임한다면 무엇이 달라질까? 이전보다 심리 에너지를 낭비하지 않고 훈련에 몰입하게 됨은 두말할 필요도 없다. 신념은 눈빛, 표정, 말투 등에서 미묘한 차이를 만드는데, 그것은 거짓 연기로는 만들 수 없는 그 사람 고유의 '기운'이 된다.

사람들은 그 미묘한 차이를 무의식적으로 알아차린다. 같은 기운을 가진 동료들이 주변에 모이고 감독과 코치진도 변화된 기운을 알아차린다. 그럼 더 많은 관심과 기회를 받게 된다. 점차 긍정적 신념은 강화되고 선순환이 일어난다.

나는 L에게 경기 중에 사용하는 부정적 언어도 긍정적 언어로 바꿔 보자고 했다. '긴장'대신 '흥분'이란 말을, '압박'대신 '미션'이라는 말을 사용하면 긴장과 압박을 하나의 게임처럼 대할 수 있다.

긍정언어가 넘쳐나는 환경

내 입에서 나오는 언어 못지않게 귀나 눈으로 접하는 언어 또한 중요하다. 내가 가진 긍정적 신념을 흔드는 말버릇을 가진 사람과는 거리를 두고, 긍정적 신념을 강화해 줄 사람과 함께해야 한다. 적극적으로 그런 환경을 만들어야 한다.

나는 L에게 긍정적 신념을 강화해 줄 선수 중 가깝게 지낼 수 있는 동료가 있는지 물었다. 다행히도 그런 선수가 몇 명 있었다. 하지만 멀리할 수 없고, 멀리하고 싶지도 않은, 가장 친한 동료 C는 부정적 신념으로 무장돼 있다고 했다. 그동안 L과 가까이 지냈으니 당연한 일이다.

나는 C도 따로 만나 L과 같은 코칭 대화를 나누고 서로에게 긍정적 언어를 들려달라고 당부했다. 그리고 두 사람이 함께 읽으면 좋을 자기계발서 한 권을 선물했다.

요즘 자기계발서 무용론을 말하는 사람들이 많다. 나는 그들이 어떤 관점에서 자기계발서를 비판하는지 이해한다. 그럼에도 내가 자기계발서를 즐겨 읽고, 지인들에게도 적극 추천하는 이유는 그곳엔 우리를 발전적 삶으로 이끌어 줄 긍정적 언어가 넘쳐나기 때문이다. 과학적 실험을 통해 밝혀진 사실과 성공한 이들의 생생한 스토리는 긍정적 언어에 생명력을 불어넣는다. 그러한 언어는 삶을 변화시킬 강력한 힘을 가지고 있다.

나는 평생 일을 미루는 사람이었지만 '로켓 스타트'라는 언어를 접하고 미루는 습관을 버렸다. '로켓 스타트'는 나카지마 사토시가 쓴《오늘, 또 일을 미루고 말았다》라는 책에서 접한 개념이다.

마이크로 소프트에서 '더블 클릭', '마우스 오른쪽 클릭', '마우스 드래그 앤 드롭'을 개발한 나카지마 사토시는 20%의 기간 동안

80%의 일을 끝내라'고 말한다. 만약 10일 동안 끝내야 하는 일이 있다면 2일 동안 로켓과 같은 추진력을 발휘하여 전체 일의 80%를 끝내라는 것이다. 그러면 8일 동안 나머지 20%를 끝낸 뒤 여유 있는 마음으로 완성도를 높일 수 있다.[31]

누구나 미리미리 시작하면 마감기한을 지키고 완성도를 높일 수 있음을 안다. 하지만 역시 아는 것과 할 수 있는 것은 다르다. 그럴 때 특정 분야에서 뛰어난 성공을 일군 사람이 실제 자신이 사용해 온 비법을 '로켓 스타트'와 같은 매력적인 언어로 표현한다면 어떨까? 변화에 미치는 영향력의 크기는 다를 수밖에 없다.

L과 C에게 선물한 책에도 그들과 같은 투수의 사례와 함께, 말이 어떻게 자기 암시를 만들고 삶을 예언하는지에 관한 내용이 담겨 있었다. 자기계발서 안에서 주옥같은 긍정언어를 발견하고 의식적, 무의식적으로 흡수하다 보면 성장의 토양이 되는 신념을 만들어 갈 수 있다.

저녁시간에는 항상 체육관이 붐빈다. 특히 월요일은 더욱더 그렇다. 어느 월요일 저녁, 내 또래로 보이는 회원이 그의 친구에게 '오늘 완전 시장바닥이네'라고 말하면서 한숨을 쉬었다.

나는 사람이 북적일 때 '시장바닥'대신 '태릉선수촌'이란 표현을 쓴다. 시장바닥은 시끄럽고 짜증나지만 태릉선수촌에서는 국가대표급 파이팅을 느낄 수 있다.

긍정적인 면과 부정적인 면, 어떤 것을 보고 나아갈지는 분명하다. 지금부터 긍정적 언어를 마구마구 쏟아내 보자. 나의 뇌가 완전히 물들 때까지.

코칭 질문

당신은 어떤 언어를 사용하고 있나요? 어떤 언어를 듣고, 어떤 언어를 읽고 있나요?

나의
속도,
나의 힘

2018년 프로야구 올스타전 홈런 레이스에서 드림팀의 승부는 베테랑 이대호와 괴물 신인 강백호 간 대결이었다. 결과는 이대호 승. 강백호는 다섯 개, 이대호는 열 개를 넘겼다. 내 눈에는 이대호가 이긴 이유가 분명하게 보였다. 이대호는 기다렸고 강백호는 달려들었다.

홈런 레이스는 타자가 지정한 투수가 공을 던진다. 투수는 홈런을 치기 좋은 코스와 속도로 공을 던져 주고 타자는 마음에 들지 않는 공은 치지 않아도 된다. 이대호는 거르고 걸렀다. 방망이를 살랑살랑 흔들면서 마음에 들지 않은 공은 전부 흘려보냈다. 그러다가 원하는 코스의 공이 들어오면 부드럽게 허리를 돌려 완벽한 자기 스윙을 가져갔다.

반면 강백호는 힘이 가득했다. 준비동작에서도, 스윙할 때에도 힘이 꽉꽉 차 있었다. 쫓기는 듯, 분명 나가지 말아야 할 공에 방망이가 나갔다. 왜 자기 공을 기다리지 않았을까. 신인으로서 처음 올스타전에 참가하는 강백호는 대선배님들 앞에서 너무 까다롭게 공을 골라내는 것이 부담스러웠을 수도 있다.

내가 만났던 중3 골프 선수 J는 그린 위에만 올라가면 쫓기듯 퍼팅했다. J는 자기 때문에 경기가 지연되거나 다른 사람들이 자신을 바라보며 기다리는 것이 부담스럽다고 했다. 왜 이런 마음이 생겼을까.

골프를 막 배우기 시작했을 무렵 J의 아버지는 연습 스윙을 너무 오래 해서 경기를 지연시키지 말아야 한다고 자주 말씀하셨다고 한다. 한 번은 아버지와 연습 라운드를 나갔는데 J가 시간을 끌자 아버지가 짜증 섞인 말투로 "빨리 쳐야지, 뒷 조 기다리잖아"라고 했고, J는 그 장면이 아직도 마음에 남아 있다고 했다.

또 한 번은 그린 위에서 퍼팅준비를 하고 있는데 같은 조 언니가 "쟤 완전 슬프네"라고 말하는 것을 들었다고 했다.

J는 그때 당시 왜 자기에게 슬프다고 한지 몰랐었는데 알고 보니 그것은 자신을 '슬로우 플레이어'라고 비꼬는 말이었다. 두 가지 기억이 J로 하여금 빨리 퍼팅을 끝내고 빠져야 한다는 강박을 만들었다.

실전에서의 속도

며칠 후 J가 참가한 시합에서 나는 J의 퍼팅시간을 전부 기록했다. 같은 조 선수 두 명의 퍼팅시간까지 함께 기록했고 경기가 끝난 뒤 J를 만나 물었다.

"네가 다른 선수들에 비해 퍼팅시간을 얼마나 쓸까?"

J는 자신이 사용하는 시간이 다른 선수들에 비해 2초 정도 빠를 것 같다고 말했다. J가 사용한 평균 퍼팅시간은 28초, 같은 조 선수들은 각각 36초와 39초였다.

나는 J가 좋아한다고 말했던 골프선수 두 명의 퍼팅영상도 찾아 보여 줬다. 영상 속 선수들의 퍼팅시간은 각각 42초와 46초였다.

"너무 급하게 치지 마", "천천히 해"라는 말은 J에게 큰 도움이 되지 않는다. 그보다는 "같은 클래스 선수들보다 10초, 월드 클래스 선수들보다는 15초 빠르게 치고 있어"라고 말하면서 정확히 몇 초 더 여유를 가져도 되는지 인지시켜 줘야 한다.

J와 나는 느리게 치는 연습을 했다. 40초에 맞춰 루틴을 짰다. J가 퍼팅을 할 때마다 나는 똑딱똑딱 소리를 내고 빨리 좀 치라고 다그쳤다. J가 그 소리를 덤덤히 흘려보낼 수 있게 되자 퍼팅은 훨씬 나아졌다. 불필요한 부분이 경직되지 않았다. 타석에 들어선 이대호처럼 살랑살랑 부드러웠다.

나는 우리가 익힌 속도와 리듬에 맞는 음악을 찾아 경기에 들어가기 전 반복해서 듣고, 퍼팅할 때도 그 속도와 리듬을 기억하라고 조언했다. J가 고른 곡은 이적의 '걱정 말아요, 그대'였다.

룰을 벗어나지 않는 선에서 '나의 속도'를 가져가야 한다. 착한 사람 콤플렉스는 버려라. 다른 사람 비위를 맞추기 위해 나의 플레이를, 더 나아가 나의 인생을 차선으로 두는 것만큼 어리석은 짓은 없다. 유소연 선수는 2018년 마이어 클래식 우승 인터뷰에서 이렇게 말했다.

"나만의 공간에서 나 홀로 플레이를 하는 것 같은 느낌이 들 정도로 집중력이 살아났다. 놀라운 경험이었다."[32]

다른 사람들의 마음속이 아닌 지금 여기, 나만의 공간에서 플레이해야 한다. 만약 상대 선수가 나의 속도를 불편해 한다면 그것도 하나의 전략으로 가져가야 하고, 상대 선수는 오히려 느긋하게 기다릴 줄 아는 마음을 배워야 한다.

얼마 전 고등학생이 된 J를 다시 만났다. J는 그린 위에서만이 아니라 티샷에서도, 그리고 골프장 밖에서도 여유를 가지게 됐다고 말했다.

훈련과 학습과정에서의 속도

훈련과 학습과정에서도 속도는 중요하다. 때로는 욕심이 속도를 무너뜨린다. 나의 실력은 아직 여기에 있는데 남과 비교하며 조급해

한다. 목표를 높은 곳에 두는 것과 내 수준에서 기초를 쌓지 않고 앞서 나가는 것은 다르다. 기초를 쌓지 않고 넘어간다면 언젠가 그 기초 때문에 막히는 순간이 온다.

대부분 시험은 속도와의 싸움이다. 주어진 시간 안에 문제를 얼마나 빠르고 정확하게 풀어내느냐가 성적을 좌우한다. 성적이 오르지 않는 학생들은 자신이 머리가 좋지 않다면서 좌절하거나 슬럼프에 빠졌다면서 방황한다.

그것은 머리가 나빠서도, 슬럼프 때문도 아니다. 기초를 쌓지 않고 넘어간 부분이 누적돼서 나타난 결과다. 여기저기 공백이 있는데 자꾸만 남의 속도와 맞추려다 보니 어느 순간 나아갈 수 없게 된 것이다.

이를 해결하는 방법은 간단하다. 자신이 기초를 쌓지 못한 부분을 빨리 파악해서 메꾸는 것이다. 남들보다 느려지겠지만 그 사람에겐 그것이 가장 빠른 길이다.

운동을 하다 보면 가끔 온몸에 보호장비를 착용하고 운동하는 사람들을 본다. 운동이 아니라 전쟁에 나가는 듯한 복장이다. 부상을 예방하기 위해 보호장비를 착용하는 경우도 있지만 대부분은 자기 관절과 인대가 버틸 수 있는 무게 이상을 들기 위함이다.

더 나아가 어떤 이들은 약물에 손을 대기도 한다. 근육량은 빠르게 증가하여 엄청난 무게를 소화할지 몰라도 관절과 인대는 그 속도를 따라가지 못해 망가지고 만다.

몸이 보내는 신호에 귀를 기울이고 자기 대화를 통해 나만의 속도를 찾아야 한다. 자기 대화의 질이 높은 사람은 남과 비교하지 않는다. 오로지 내면의 소리에 귀 기울이고 속도를 늦춰야 할 때와 유지해야 할 때, 전력을 다해야 할 때를 구분한다.

비정상적인 방법으로 빠르게 뽑아낸 몸보다는, 조금 느리더라도 관절과 인대를 튼튼하게 다져간다는 마음으로, 근신경 하나하나를 잇는다는 마음으로, 종잇장을 한 장 한 장 쌓는다는 마음으로 만든 몸이 훨씬 더 섹시하다.

서두를 필요 없다. 멈추지 않는 것이 더 중요하다.

나의 힘 통제하기

나의 속도를 알았다면 이제 힘을 파악할 차례다. 100% 전력을 다하고, 가능하다면 120%까지 힘을 끌어내야 한다고 생각하는가? 오히려 100% 힘을 짜냈을 때 수행능력은 떨어진다.

미국 최고의 육상 코치 버드 윈터스는 "더 빨리 달리는 방법은 4/5의 힘으로 달리는 것이다"라고 조언한다. 이소룡도 같은 의미의 말을 남겼다. "힘을 뺄수록 더 빠르고 강해진다."

움직임에는 작용근과 길항근이 동시에 작용한다. 길항근이란 작용근과 반대 작용을 하는 근육을 말한다. 예를 들어 이두 운동을 하기 위해 팔을 안으로 굽혔다면 이두는 수축하고 반대쪽에 붙어 있는 삼두는 늘어난다. 이때 이두근을 작용근, 삼두근을 길항근이라고 한다.

반대로 삼두를 펴는 동작을 한다면 삼두가 작용근이 되고 이두는 길항근이 된다. 손목, 어깨, 목, 무릎, 발목 등 신체 모든 움직임에 작용근과 길항근이 동시에 작용한다.

한 자세로 버티는 동작을 한다면 100% 힘을 다해 작용근과 길항근을 모두 수축해야 한다. 하지만 거의 모든 스포츠는 한쪽이 수축하면 반대쪽은 이완돼야 하는 움직임의 연속이다. 버드 윈터스가 4/5의 힘으로 달릴 때 더 빨리 달릴 수 있다고 한 이유는, 가속을 위해 작용근이 힘을 낼 때 반대편 길항근까지 힘이 들어가 있으면 길항근이 작용근의 움직임을 방해하기 때문이다.

이대호와 강백호의 홈런 레이스에서도 두 선수의 움직임은 확연히 달랐다. 강백호 선수는 100% 힘으로, 이대호 선수는 80% 정도의 힘으로 쳤다. 힘을 조금만 빼면 더 탄력 있는 스윙이 가능해지고 공 끝 변화에도 빠르게 반응할 수 있다.

투수에게도 마찬가지다. 팔, 어깨, 허리의 모든 근육을 사용하여 전력투구하면 속도와 정확성을 동시에 얻을 수 없다.

스포츠에서는 힘이 전부가 아니다. 나의 힘을 알아야 한다. 80% 일 수도 있고 70%일 수도 있다. 종목과 포지션에 따라 다르다. 분명한 건 100%인 경우는 없다는 것이다.

이미지로 나의 포인트 기억하기

몸에 힘을 뺄 땐 하나의 이미지를 그리면 도움이 된다. 등부터 종아리까지 벽에 몸을 완전히 붙이고 멀리 뛰기를 한다고 생각해 보자. 뒤쪽으로 반동을 줄 수 없어 얼마 뛰지 못한다. 나는 몸을 쓸 때 벽에 바짝 붙는 것이 아닌, 내 뒤쪽으로 반동을 줄 수 있는 공간을 남겨 놓는 이미지를 그린다. 그 공간만큼 힘을 빼는 것이다.

어딘가에 집중해서 머리를 굴려야 할 때도 마찬가지다. 눈을 부릅뜨는 것에도 작용근과 길항근이 작용한다. 눈과 어깨에 힘을 빼고 턱을 살짝 들면 머리가 한결 가벼워진다. 두뇌를 100% 풀가동하지 않는다. 나의 포인트는 70%다. 70만큼 힘을 주되 그 상태를 아주 오래 지속하려고 한다. 두뇌는 100%를 풀가동하면 금방 지치고 사고의 유연성이 떨어진다.

머리를 쓸 때는 내 정수리 위에 가벼운 탁구공이 살짝 떠 있다고 생각하고, 집중이 끊기는 순간 공이 떨어진다는 이미지를 그린다. 책을 읽을 때도, 사무실에 앉아 일할 때도, 코칭을 할 때도, 지금 이 글을 쓰고 있는 순간도 그렇다.

자신에게 필요한 상황에서 가장 적절한 힘을 가지고 가는 데 도움되는 이미지를 그려보자. 나처럼 상황을 그릴 수도 있고 특정 사람이나 동물, 또는 사물이나 기계 이미지를 그릴 수도 있다.

미드필더로 뛰고 있는 축구선수 S는 힘을 빼기 위해 '지네딘 지단'의 이미지를 그렸다. 현재 레알 마드리드의 감독이자 전 프랑스 국가대표팀 소속이었던 지단은 특유의 느릿한 플레이로 팀을 월드컵 우승으로 이끌었다.

스페인 일간지 〈아스〉에서 지단을 다룬 기사를 보면 S가 왜 지단을 떠올리기로 했는지 이해할 수 있다. 〈아스〉는 지단을 '압박의 숲 속에서 여유롭게 산책을 즐길 수 있는 유일무이한 테크니션'이라고 표현했다.

투수 C가 생각한 이상적인 힘은 85%였다. 연습투구 때는 85% 힘으로 잘 던졌지만 실전에서는 과도하게 힘이 들어갔다. 힘이 찰수록 제구력은 떨어졌다. 그는 채찍 이미지를 그리기로 했다. 등 근육부터 어깨, 팔, 손목, 손가락 끝까지 하나의 채찍이라고 생각하고 휘잉 휘두르는 이미지를 그렸다. 간결하게 휘두른 채찍은 끝으로 갈수록 힘이 붙어 포수의 미트 속으로 살아 들어갔다.

당구선수 K는 상상 속 인물을 만들었다. 당구 경력 80년, 평균 에버리지가 10이 넘는 103세 백발노인이다. 그 백발노인은 몸에 힘을 쭉 빼고 오직 회전력과 두께 조절만으로 모든 공을 풀어낸다.

나는 한때 수영에 빠졌었다. 독학으로 수영을 익혔는데 자꾸만 하체가 가라앉았다. 100m를 한 번 왕복하기도 벅찼다. 유튜브 수영 선생님들이 말하길 가장 중요한 것은 '힘 빼기'란다. 힘을 주면 줄수록 몸은 가라앉게 되어 있다고. 뭐든 힘을 주는 것보다 빼는 게 더 어렵다. 그리고 힘을 뺐을 때, 보다 더 나아갈 수 있다.

코칭 질문

나의 속도, 나의 힘은 몇 퍼센트여야 하나요? 지금은 각각을 몇 퍼센트로 하고 있나요? 속도를 맞추는 데 도움이 되는 노래, 힘을 빼는 데 도움이 되는 이미지를 찾아 보세요.

구분	현재 퍼센트	이상적인 퍼센트	노래 / 이미지
속도			
힘			

빨간색
유니폼의
비밀

골프 황제 타이거 우즈는 결승전에서 늘 빨간색 셔츠를 입는다. 검정 바지에 빨간색 셔츠, 거기에서 나오는 아우라는 단지 빨강이라는 색이 사람의 교감신경을 자극하기 때문만은 아니다.

아우라의 원천은 타이거 우즈가 빨간 셔츠를 입고 보여준 경기력과 그린 위에서 들어올린 수십 개의 트로피가 만들어낸 힘에 더 가깝다. 그런데 우즈가 빨간색 옷이 아닌 파란색이나 하얀색 옷을 입었다면 트로피의 개수는 어떻게 달라졌을까?

2018~2019 시즌 챔피언스리그 준결승전. 유럽 최강팀 바르셀로나(이하 '바르샤')는 리버풀을 만났다. 홈에서 열린 1차전에서 리버풀

을 3:0으로 제압한 바르샤는 가벼운 마음으로 안필드 원정길을 떠난다.

하지만 2차전 홈경기에서 리버풀은 무려 네 골을 넣고 한 점도 내주지 않았다. 1, 2차전 합산 결과는 4:3. 리버풀은 또 다시 기적을 만들었고 트레블(한 시즌 동안 자국 정규리그, 컵 대회, 대륙별 챔피언스리그 등 3개 대회에서 우승하는 것)을 노리던 바르샤는 충격에 빠졌다.

바르샤 주장 리오넬 메시는 경기 후 인터뷰에서 "후반은 실수가 아닌 집중력 문제였다. 우리는 후반 9분 두 번째 골을 실점하고 전의를 상실했다"고 말했다. 바르샤는 1차전에서 3:0으로 승리했기 때문에 2골을 먹은 상황에서도 여전히 1점을 앞서고 있었다. 그럼에도 그들은 왜 전의를 상실했을까?

그 이유는 리버풀 선수들이 입은 빨간색 유니폼을 비롯, 안필드를 꽉 채우고 있던 붉은 빛이 바르샤 선수들을 찍어 눌렀기 때문이다. 빨간색이 경기결과를 뒤집었다고 하면 지나친 비약일 수 있다. 하지만 세계 최고 팀을 상대로 3:0을 4:3으로 뒤집은 데는 분명 빨강의 힘이 작용했다.

2004년, 두 명의 인류학자는 무작위로 빨간색과 파란색을 배정받는 올림픽 네 종목(그레코로만형 레슬링, 자유형 레슬링, 권투, 태권도)의 모든 경기결과를 수집했다. 그중 세계랭킹을 기준으로 객관적 실력이 비슷한 선수끼리 맞붙는 경기에 주목했다. 승패분석 결과 빨간색을 배정받은 선수의 승률이 무려 62%였다. 이 결과가 과연 우연

일까?[33]

시드니 맥쿼리대학교 세라 프라이크 교수는 호금조라는 새를 연구했는데 이 새들은 자라면서 머리색이 빨간색 아니면 검은색으로 변한다. 머리가 빨간색으로 변한 새들은 먹이경쟁에서 더 적극성을 띠며 항상 머리가 검은 새들을 이긴다.

프라이크 교수는 머리색이 적극성과 공격성에 영향을 줄 것이라는 가설을 세우고 한 가지 실험을 진행했다. 그는 머리색이 아직 변하기 전인 어린 호금조 중 절반에게 빨간색 머리띠를 씌우고 새들의 행동을 관찰했다. 실험결과 빨간색 머리띠를 한 새들이 나머지 새들을 지배했고 먹이경쟁에서도 승리를 차지했다.[34]

빨간색에는 어떤 힘이 숨어 있을까? 빨간색은 자신의 테스토스테론 수치를 높이고 상대의 것은 떨어뜨리는 효과를 갖는다. 테스토스테론은 적극성과 집중력을 높이고 불안감을 낮춰 준다. 또한 고통을 견딜 수 있는 임계점을 높여주기 때문에 스포츠 경기에서는 빨간색을 취하는 것이 유리하게 작용할 수 있다.

더 놀라운 사실은 빨간색이 선수들이 아닌 경기를 판정하는 심판들에게도 영향을 미친다는 것이다. 여러 스포츠 심리학 연구는 심판들이 선수들의 유니폼 색깔에 영향을 받는다고 말해 준다.

한 실험에서 태권도 심판 42명에게 몇 가지 경기 영상을 보여 주고 경기를 채점하게 했다. 심판 중 절반에게는 원본 영상을 보여 주고, 나머지 절반에게는 디지털 기술을 이용해 똑같은 영상에서 빨간색 유니폼과 파란색 유니폼의 색을 바꿔서 보여 줬다.

이들은 당연히 세계태권도연맹의 규정에 따라 객관적으로 채점했는데, 평균적으로 빨간색 유니폼을 입은 선수에게 더 많은 포인트를 줬다. 색깔만 뒤바뀌었을 뿐, 똑같은 경기를 채점하면서도 빨간색을 입은 선수에게 더 많은 점수를 준 것이다.[35]

다시 안필드로 돌아와 보자. 축구팀 중 빨간색 유니폼을 입는 팀은 많다. 하지만 리버풀 유니폼은 다른 팀들에 비해 유난히 빨갛다. 리버풀은 상의, 하의, 심지어 양말까지 핏빛 빨간색을 고수한다.

빨간색 홈 유니폼을 입고 안필드를 꽉 채운 팬들, 팬들 사이사이를 빈틈없이 메우고 있는 빨간색 좌석, 여기저기서 피어오르는 붉은 폭죽 연기, 거기에 피를 토할 것 같은 응원까지 더해지면 안필드의 빨강은 상대 팀을 완전히 덮어 버린다. (리버풀 팬들은 유럽에서 가장 열정적이고 난폭하기로 유명한데 공격성과 활력을 자극하는 빨강이 팬들을 더 흥분된 상태로 몰아간다. 04-05 시즌, 리버풀이 첼시와 맞붙었던 챔피언스리그 4강 2차전에서 결승행 티켓을 확정 지었던 순간 기록한 130데시벨의 함성은 당시 기네스북에 등재됐다.)

안필드의 관중석 경사 또한 빨강에 힘을 보탠다. 안필드는 다른 팀 경기장에 비해 관중석 경사가 가파르게 설계돼 있다. 경기를 하는 선수들 시선에서 보면 빨간색이 쏟아져 덮쳐버릴 것만 같은 기분일 것이다.

바르샤의 중앙 수비수 피케는 리버풀과의 4강전에서 패한 후에 이렇게 말했다.

"확실히 정신적으로 문제가 있었다. 안필드는 유럽 전체에서도 특별한 분위기를 뿜어내는 경기장이다. 그 분위기는 강력한 압박으로 상대의 실수를 유도하는 리버풀의 경기 스타일과 어울려 우리를 강하게 압박했다. 심리적으로 다시 일어나기 어려웠다. 날이 가도 패배가 잊히지 않는다. 오래도록 지속되는 패배였다."

리버풀 유니폼이 파란색이었다면 손흥민은 우승했을까?

4강전에서 바르샤를 꺾고 결승에 오른 리버풀은 손흥민 선수가 뛰고 있는 토트넘을 누르고 챔피언스리그 우승컵을 들어올렸다. 토트넘은 전반 30초도 되지 않은 시점에 핸드볼 파울로 패널티 킥을 내줬다.

토트넘 선수의 겨드랑이쯤에 맞은 공을 심판은 불필요하게 팔을 든 동작으로 간주했다. 리버풀은 패널티 킥을 성공시켰고 그것은 결승골이 됐다. 토트넘으로선 아쉬운 장면이었다. 패널티 킥을 불더라도 이상할 것 없는 장면이었지만, 반대로 불지 않더라도 넘어갈 수 있는 장면이었다. 아마 대다수의 심판은 그 상황에서 패널티 킥을 불지 않았을 것이다.

무려 챔피언스리그 결승이라는 무대에서, 그것도 경기를 시작한 지 30초도 안 된 상황에서 발생한 애매한 장면에 패널티 킥을 선언할 수 있는 심판이 몇이나 될까?

178

나는 그 순간 생각했다. 과연 이 심판도 빨간색에 영향을 받았을까? 만약 리버풀의 유니폼이 파란색이었다면 손흥민 선수는 챔피언스리그 우승컵을 들어올릴 수 있었을까?

빨간색이 승리를 보장해 주진 않지만 한 끗 차이로 승부가 결정되는 상황에선 분명 무시 못할 영향력을 발휘한다.

코칭 질문

한 끗 차이로 승패가 결정되는 중요한 순간, 빨간색 옷을 입어 보는 것은 어떨까요? 유니폼이 정해져 있다면 빨간색 모자, 장갑, 양말 등으로 존재감을 드러낼 수 있습니다. 빨간색을 입어 보고 그것이 나의 멘탈에 어떤 영향을 미치는지 직접 느껴 보세요.

역기획,
혁신의
탄생

내 상황에서 할 수 있는 전부를 했다. 한 시간을 낼 수 있으면 한 시간을, 두 시간을 낼 수 있으면 두 시간을 냈다. 퇴근 후 남아 있는 에너지를 싹싹 긁어모아 운동에 쏟아부었다. 운동을 마치고 집에 가면서 스스로 대견하다는 생각을 자주 했다.

아직 커팅(근육량을 최대한 지키면서 지방을 걷어내는 것)을 하지 않았음에도 이미 내 몸은 20대 때의 나를 넘어서 있었다. 이제 한 달간 커팅하고 프로필 촬영까지 마치면 목표를 완수한다. 여기까지 참 잘 왔다. 그런데 뭔가가 조금 아쉬웠다. 시작하기 전에는 목표 달성 자체가 버겁게 느껴졌는데 여기까지 와 보니 '더 해 볼 수 있는 게 없을까?' 하는 생각이 들었다.

우리 회사는 역기획을 중요하게 생각한다. 크고 담대한 목표(BHAG, Big Hairy Audacious Goal)를 세우고, 도전적인 마감기한을 정한 뒤, 각 단계들을 역으로 기획하는 방식이다.

역기획의 목적은 '혁신'에 있다. 정해진 기한 내에 각 단계를 반드시 완수해야 하므로 순방향으로 기획했을 때는 찾을 수 없었던 방법을 찾게 되고, 창의적인 생각과 고정관념을 깨는 발상을 하게 된다. 일하는 방식이 바뀔 수도 있고, 사람이 교체될 수도 있고, 과감한 투자가 이루어질 수도 있다.

순방향으로 기획하면 상황이 우선시되어 목표의 크기는 작아지고 기한은 한없이 늘어진다. 역기획은 상황에 목표를 맞추는 것이 아니라 목표에 상황을 맞추는 방식이다.

나는 역기획이 가져오는 이점을 잘 알기에 코칭에서도 역기획을 활용한다. 선수들과 크고 담대한 목표를 세워 목표에서부터 현재까지를 역으로 기획한다. 예를 들면 '6개월 만에 100m 기록을 1초 단축하려면, 두 달 만에 서브속도를 10km 높이려면, 한 달 만에 비거리를 20야드 늘리려면 월별, 주차별, 일자별로 어떤 과정목표를 완수해야 하는가?'라는 질문을 던진다.

질문을 받은 선수들은 대부분 불가능한 목표라고 답한다. 맞는 말이다. 지금까지 해오던 방식대로 한다면 말이다. 해오던 대로 하면 현재 상황에 목표를 끼워 맞춘다. 지금까지 해오던 훈련방식, 성장추이, 몸상태, 환경, 생활패턴 등을 고려해 목표를 잡는다.

반면에 도전적인 목표를 설정하고 목표에 상황을 맞추면 다른 방법이 보인다. 훈련방식을 바꾸고, 생활 패턴을 바꾸고, 환경을 바꾼다면 어떨까? 새로운 장비를 갖추거나, 식단을 바꾸거나, 도움 줄 사람을 찾을 수도 있다.

그러한 과정에서 지금까지 한 번도 시도해 보지 않은 여러 가지 훈련 가설이 만들어지고, 시행착오를 통해 압축성장이 일어난다.

3개월 뒤에 보디빌딩 시합에 나간다면?

목표 달성을 앞두고 아쉬운 마음이 들었던 나는 더 크고 담대한 목표를 세워 보기로 했다. '3개월 뒤에 보디빌딩 무대에 오른다면?' 이라는 질문을 던졌다. 가슴이 떨렸다. 선수들을 코칭하면서 진짜 선수가 돼 보는 경험은 결과에 상관없이 의미가 있다고 생각했다.

나는 남은 3개월 동안 시합에 나갈 몸을 만들려면 당일, 일주일 전, 한 달 전에 체중, 근육량, 체지방은 몇이어야 하는지 역으로 목표를 잡아갔다. 그렇게 현재인 3개월 전까지 와 보니 현재 갖춰져 있어야 하는 수준과 실제 나의 상태는 차이가 컸다.

지금처럼 하면, 즉 상황에 목표를 맞춘다면 석 달 뒤가 아닌 1년이 지나서야 시합에 나갈 수 있을 것 같았다. 그렇게 늘어지면 집중이 흐려지고 중간에 포기할 가능성이 농후하다. 그리고 무엇보다 내가 선수들에게 강조하는 '압축성장'이 일어나지 않는다.

나는 목표에 상황을 맞춰 보기로 했다. 3개월 뒤에 열리는 대회를 찾아 시합 날짜를 확정하고 시합 다음 날로 프로필 촬영을 연기했다. 그리고 역기획 목표를 달성하기 위한 자기 대화를 시작했다.

'어떤 방법이 있을까? 만약 하루에 운동을 두 번 한다면 가능하지 않을까?'

'두 번 하는 건 불가능하다. 하루에 두 번 운동하려면 새벽 6시 30분에 첫 번째 운동을 시작해야 하는데 식사하고 소화시키려면 늦어도 새벽 4시 30분에는 일어나야 한다. 저녁 운동 후에 식사하고 소화가 다 되면 11시 30분인데, 그럼 5시간 밖에 못 잔다. 회사 일에 지장이 생기고 몸도 오히려 망가질 것이다.'

'4시 30분이 아닌 5시 30분에 일어나는 방법은 없을까?'

'바나나 한 개 정도만 먹고 운동한다면 소화시킬 시간은 필요 없지 않을까?'

'힘을 쓸 수 있을까?'

'해 보자!'

'그럼 6시간을 자게 되는데 여전히 수면시간이 부족하다. 11시 30분이 아닌 10시 30분에 자는 방법은?'

'저녁에 소화가 빨리 되도록 닭가슴살과 바나나를 갈아 먹으면 1시간 일찍 잘 수 있다.'

'오케이, 그것도 해 보자.'

'야근하는 날은 어떻게 운동하지? 그런 날은 거를까?'

'실내용 사이클을 사서 야근하는 날은 집에서 유산소 운동을 하자.'

'자, 그럼 하루에 두 번 운동하면 석 달 뒤에 시합에 나갈 수 있을까?'

'나갈 수는 있지만 망신당하지 않으려면 뭔가 더 필요하다.'

'주 6회 운동을 주 7회로 늘린다면?'

'회복할 시간을 줘야 하는데 하루 두 번씩 주 7회를 하는 건 무리다.'

누구나 회복이 중요하다고 말한다. 나도 그렇게 믿었기에 일주일에 한 번은 충분히 쉬어야 한다고 생각했다. 그러다가 문득 이런 생각이 들었다. 종일 앉아서 일하니까 새벽 운동 후에 회사에서 회복하고, 저녁 운동 후에 자면서 하는 회복으로 충분하지 않을까? 주말에는 한두 시간 더 자고, 중간에 낮잠도 잔다면 해 볼 수 있을 것 같은데.

나는 혹시 이렇게 운동해 본 사람이 있는지 검색해 봤다. 한의 빌더라는 한의사 유튜버가 내추럴로 몸을 만들 때는 빈도수가 중요하다고 주장했다. 실제로 자신도 쉬는 날 없이 두 번씩 운동했고 변화를 경험했다고 말했다.

'좋아, 해 보자. 근데 몸이 버틸 수 있을까?'

'…. 해 보자.'

역으로 생각하고 목표에 상황을 맞추니 여러 가지 가설과 실제 적용 가능한 방법들이 떠올랐다. 생활 패턴을 바꾸고, 기존에 진리처럼 여겼던 것들을 의심하게 됐다. 집에서 유산소 운동을 제대로 하기 위해 실내용 사이클을 사는 투자도 하게 됐다.

물론 내 가설이 틀렸을지도 모른다. 하지만 내가 처음에 품었던 운동 목표는 이미 달성했기에 잃을 것이 없었다. 근육이 아닌 멘탈을 위해서, 한 차원 높은 코칭을 위해서 도전해 보고 싶었다.

혁신이 실패하는 이유

첫 날부터 몸과 멘탈이 무너져 내렸다. 역시 무리다. 새벽에는 힘과 집중력 모두 떨어졌다. 일어나자마자 바나나를 먹으면 설사를 했다. 어렵게 만든 새벽시간을 화장실에서 날려 버렸다. 회사에서는 간신히 할 일을 쳐냈고, 퇴근 후엔 몸이 축났다.

어떻게든 몸을 끌고 체육관에 가도 운동은 노동에 가까웠다. 저녁 운동을 마치고 먹는 닭쥬스는 토할 것 같았다. 너무 피곤하니 잠도 잘 오지 않았다. 그렇게 며칠을 날려 버렸다. 그냥 하루 한 번 집중해서 제대로 하는 편이 나은 것 같았다.

사실, 회사에서의 역기획도 대부분 실패로 끝난다. 혁신이 일어나기는커녕 직원들 불만은 극에 달한다. 갑자기 업무량과 강도가 어마어마하게 늘어나기 때문이다. 누군가는 분란을 선동하고 누군가는 회사를 떠난다. 역기획된 목표를 달성하기 위해서는 모두가 한마음 한뜻으로 희생하며 이겨내야 하는데 회사를 위해 희생을 감내할 직원은 많지 않다.

회사는 주인의식을 강조하며 밀어붙이지만, 세상은 많이 변했다. 더는 그렇게 일하려고 하지 않는다. 특히 보상이 따라주지 않는 회사에서는 더더욱 그렇다.

결국 주인이 내려주는 크고 담대한 목표(BHAG)는 주인의 목표일 뿐, 부서 내에서는 현실적인(ACTUAL) 목표를 따로 만들어 관리한다. 그럼에도 크고 담대한 목표를 위한 노력과 시도의 흔적은 보여줘야 하기에 갖가지 보여주기식 업무가 양산된다. 직원들이 소설을 쓰는 이유다.

누구의 목표인가

하지만 나는 이대로 끝낼 수 없었다. 시합에 나가겠다는 목표는 누가 내려 준 목표가 아니다. 내 인생의 주인인 내가, 나에게 명령한 목표다. 성취의 열매는 100% 나에게 온다. 자기 대화를 통해, 그럼에도 불구하고 할 수 있는 방법을 찾아야 한다.

우선 기상 직후 식사를 바꿔 보기로 했다. 소화가 빠른 식사조합을 매일 바꿔 가며 컨디션을 체크했다. 몇 번의 테스트 끝에 최적 조합(미지근한 물에 웨이 프로틴 한 스쿱+식빵 한 장에 쨈 한 숟가락+부스터)을 찾았다. 속도 편하고 힘을 쓰는 데도 무리가 없었다.

퇴근 전까지도 컨디션은 괜찮았다. 그런데 저녁 운동에서 힘이 빠졌다. 누군가 부스터는 하루 동안 써야 할 힘을 미리 끌고 오는 것이라고 했는데 정말 그런 것 같았다. 힘을 더 내기 위해 '페루의 산삼'이라고 불리는 마카를 사서 하루 두 번 챙겨 먹고 비타민B 섭취량을 늘렸다. 운동 전 식사도 닭가슴살에서 소고기로 바꾸고 염분 섭취를 조금 늘렸다. 컨디션이 올라왔다.

토할 것 같던 닭쥬스 레시피도 바꿨다. 친구 지원이가 준 레시피(닭가슴살 150g+바나나 1개+볶은 귀리 한 숟가락+컴벳 웨이 프로틴 한 스쿱+물 0.2리터)를 받아 조금씩 양을 조절하며 맛을 맞췄다. 맛이 훨씬 나아졌다.

자기 대화를 통해 수면의 질도 개선했다. 쉬는 날 없이 하루 두 번 운동하려면 수면시간 동안 회복이 중요했다. 빠르게 잠들고 숙면해야 하는데 너무 피곤하니까 오히려 잠이 오지 않는 날이 많았다. 수면의 질 개선을 위해 끊임없이 자기 대화를 나눴다(중요한 내용이기에 '멘탈 코칭 26'에서 다시 살펴보자).

그렇게 목표만 바라보고 상황을 바꿔 나갔다. 역기획을 하기 전까지는 내가 최대치를 하고 있다고 생각했는데, 막상 해 보니 두 배는 더 할 수 있었다. 완전히 새로운 운동과 생활이 시작됐다.

6개월 만에 꿈을 이루는 방법

베스트셀러《ZERO to ONE》의 저자이자 '세계 최고의 부자' 순위에 늘 이름을 올리는 페이팔 창업자 피터 틸은 다른 사람들에게 이렇게 묻는 것을 즐긴다고 한다.

"만일 당신이 이루는 데 10년이 걸리는 목표를 가지고 있다면, 그것을 6개월 안에 이루는 방법은 무엇인가요? 당신은 그런 방법은 없다고 딱 잘라 말할지도 모릅니다. 그렇다면 누군가 당신의 머리에 총구를 겨누고 6개월 만에 목표를 이루지 못할 경우 당신을 죽여 버리겠다고 말한다면 어떨까요? 당신은 살기 위해 6개월 만에 목표를 달성할 수 있을 만한 모든 수단을 검토하고 그동안 한 번도 떠올리지 못했던 창의적인 아이디어들을 탄생시킬지도 모릅니다."[36]

바로 이것이 크고 담대한 목표를 세우고 도전적인 마감기한을 정해야 하는 이유다. 우리는 모두 이러한 질문을 자신에게 던져야 한다. 어쩌면 우리는 10년 후라는 손에 잡히지 않는 시간 뒤에 숨어 꿈을 계속 미루고 있는지도 모른다. 꿈을 이루려고 시도한다면 당장 삶이 고단해질 것이고, 만약 도전했다가 실패한다면 마음속에 품고 있던 꿈마저 잃어버릴까 봐 두려운 것이 아닐까?

나의 꿈은 전 세계 운동선수, e스포츠 선수, 연예인, 유튜버, 투자가, 세일즈맨 등 강한 멘탈이 필요한 모든 이들이 찾는 코치가 되는 것이다. 1년 전쯤, 지방으로 코칭하러 가던 KTX 열차 안에서 '만약 내가 6개월 만에 그 꿈을 달성하지 못할 경우 죽게 된다면 난 어떤 방법으로 꿈을 이룰 것인가?'라는 질문을 던지고 역기획해 본 적이 있다.

　노트를 펴고 1개월 전, 2개월 전, 3개월 전, 그리고 6개월 전인 현재 되어 있어야 하는 상태를 역으로 적어 봤다. 역시 현재 나의 상황과 이상적인 모습은 차이가 컸다.

　그 차이를 좁히기 위한 첫 번째 계획은 퇴사였다. 시간을 최대한 확보하기 위해서는 퇴사가 불가피했다. 6개월 뒤에 죽을 수도 있는데 회사가 대수는 아니었다. 그리고는 그동안 생각지도 못했던 기발한 아이디어, 내 이름을 알릴 미친 짓(?), 실행했어야 했는데 이런저런 이유로 미루고 있던 계획들을 노트에 적었다.

　그로부터 약 1년이 지났다. 나는 여전히 코칭과 직장을 병행하며 회사에 잘 다니고 있다. 하지만 질문에 진지하게 답해 봄으로써 얻은 것이 있다.

　바로 '용기'다. 당장 회사가 나를 해고해도 상관없다는 마음이 생겼다. 한편으로는 내 발로 걸어 나와 계획을 빨리 실행해 보고 싶다는 생각까지 들었다.

　계획을 세우고 정확히 6개월 뒤, 나는 팀장으로 직책 승진을 했다. 내가 맡은 가맹 모델 확산 프로젝트가 사업부에서 가장 빠르게 진도가 나간다는 평가를 받았다. 그때 생긴 '용기'가 빠른 실행과 과감한 의사결정을 할 수 있게 해 준 덕분이었다.

당신의 꿈을 6개월 만에 이루는 방법은 무엇인가요? 만약 그 꿈을 이루지 못했을 때 누군가가 당신을 죽여 버리겠다고 한다면 당신은 어떤 방식으로 꿈을 이룰 건가요?

가장
가성비 높은
투자

하루 두 번, 쉬는 날 없이 운동하면서 수면시간이 중요해졌다. 양과 질 모두 챙겨야 했다. 양은 충분했다. 일곱 시간, 매일 똑같은 시간에 자고 똑같은 시간에 일어났다.

문제는 수면의 질이었다. 바로 잠들지 못하거나 중간에 깨는 날이 많았다. 특히 잠이 들자마자 깨는 날에는 늦게까지 잠이 오지 않아 새벽 운동에 나가지 못했다. 그런 날은 저녁 운동 컨디션까지 엉망이었다. 수면의 질은 반드시 해결해야 할 문제였다.

누구에게나 잠은 중요하다. 특히 운동선수에게 수면은 반드시 챙겨야 할 영역이다. 하루에 열두 시간을 잔다는 우사인 볼트는 '하루

191

훈련 중 무엇이 가장 중요한 부분이라고 생각하는가?'라는 질문에 이렇게 답했다.

"잠자는 것 외에는 없다."

운동선수에게는 수면이 단순한 휴식이 아닌 운동 루틴 중 하나가 돼야 한다. 다른 월드 클래스 선수들의 수면시간을 보더라도 최소 여덟 시간 이상 잠을 잔다.

- 로저 페더러 : 11~12시간
- 라파엘 나달 : 8~9시간
- 르브론 제임스 : 12시간
- 마리아 샤라포바 : 8~10시간
- 비너스 윌리엄스 : 8~9시간

스탠퍼드대학교 농구선수들을 대상으로 한 흥미로운 연구가 있다. 디멘트 교수는 10명의 선수에게 처음 4주까지는 평소 습관대로 6~9시간을 자게 했고, 다음 7주 동안은 매일 10시간 정도의 수면시간을 유지하게 했다. 만약 부득이한 사정으로 10시간을 채우지 못하면 낮잠으로 보충하게 했다.

그 결과 선수들의 282-foot sprints(농구 코트 베이스라인에서 출발해서 하프 코트, 베이스라인, 풀 코트, 다시 베이스라인으로 돌아오는 방식의 왕복 달리기) 평균 기록은 0.7초 단축됐고, 자유투 성공률은 9%, 3점 슛 성공률은 9.2% 상승했다.[37]

일반적으로 이 정도의 기록 단축과 슛 성공률을 높이려면 엄청난 시간과 노력이 들어간다. 하지만 단순히 수면시간을 늘리는 것만으로 수행능력이 향상됐다는 것은 놀라운 결과다. 실험이 끝나고 10시간 수면방식을 그만둔 선수들의 기록은 실험을 시작하기 전으로 돌아갔다.

야구에서 3할 타자는 상징성을 갖는다. 우스갯소리로 3할 타자는 재계약하러 들어갔을 때 짝다리를 짚어도 된다는 말이 있을 정도다. 어떤 타자가 한 시즌에 500번 타석에 들어가서 450타수(볼넷과 희생타를 제외한 타석 수)를 기록한다고 했을 때, 135개의 안타를 때려내면 3할 타자가 된다. 반면, 딱 하나 적은 134개를 친 선수는 2할 9푼 8리로 시즌을 마친다.

물론 그것도 훌륭한 성적이지만 3할 타자와 2할 타자의 위상은 다르다. 안타 한 개는 1루까지 뛰어가는 속도가 0.1초만 빨랐어도, 배트 스피드가 1km만 빨랐어도, 공을 10cm만 멀리 보냈어도 만들어 낼 수 있는 차이다.

스탠퍼드 대학교 농구선수들에게 했던 연구를 상기해 봤을 때, 그 정도는 하루 30분 더 자는 것만으로도 만들어 낼 수 있는 차이가 아닐까?

잠은 수행능력 향상뿐만 아니라 통증 완화와 부상 방지에도 중요하다. 질 좋은 수면을 하면 뇌에서 엔도르핀을 만들어내는데 엔도르핀은 뇌가 만들어내는 모르핀이다. 아편의 주성분인 모르핀은 심한 외상이나 수술 후 통증을 없애주는 진통제 역할을 하고 하늘을 나는 듯한 황홀감을 준다.

1975년, 우리 뇌에 모르핀보다 100배 정도 강력한 마약이 존재하고 있음이 발견됐는데, 이 물질을 엔도르핀(endorphin)이라 부르게 됐다. 뇌 속에 존재하는 내인성 모르핀(endogenous morphine)이라는 의미다.[38] 운동선수들은 크고 작은 통증을 달고 산다. 통증이 완화되면 훈련 집중도와 경기력은 자연스럽게 올라간다.

숙면이 운동능력에만 도움될 리 없다. 질 좋은 수면은 낮 동안에 뇌세포 사이에 쌓인 찌꺼기, 독성 단백질과 유해한 화학물질을 청소하여 뇌를 '디톡싱'한다. 숙면을 통해 독소와 유해 화학물질을 청소할 시간을 충분히 주지 않을 경우, 기억력과 인지능력이 현저하게 떨어진다.

우리 문화에서는 '사당오락'이라는 말이 있을 정도로 잠을 적게 자야 성공한다는 믿음이 깔려 있다. 실제로 성공한 이들 중에는 네 시간만 자고도 일상생활에 아무런 지장이 없는 '숏 슬리퍼(short sleeper)'가 있다. 사람들은 '성공하려면 저렇게 잠을 줄여야 하는구나'라고 생각하고, 성공한 일부 숏 슬리퍼들은 잘 것 다 자고 성공을 바라는 사람들에게 일침을 가한다.

하지만 그렇게 조금만 자고도 아무 불편 없이 일상생활을 해 나갈 수 있는 사람들은 의지력으로 잠을 줄인 것이 아니다. 그것은 유전적 돌연변이의 결과다. 그러한 유전자를 가진 사람은 전체 인구의

1%도 안 된다. 나머지 99%는 의지를 가지고 잠을 줄여도 숏 슬리퍼가 될 수 없다.

그러니 쓸데없는 노력은 멈추는 것이 좋겠다. 더구나 수면 부족으로 뇌세포가 손상되면 나중에 충분히 잠을 보충하더라도 기능이 회복되지 않으니 '주말에 몰아서 자야지' 또는 '이번 프로젝트만 끝나면 푹 자야지'라는 생각은 버려야 한다.[39]

숙면을 위한 자기 대화

뒤통수가 베개에 닿기도 전에 잠드는 복 받은 사람도 있겠지만 나처럼 금방 잠에 들지 못하거나 자는 중에 수시로 깨는 사람들은 어떻게든 잠을 잘 잘 수 있는 방법을 찾아야 한다.

나는 자기 대화로 내가 숙면할 수 있는 조건을 시험해 보고 수면 환경을 조금씩 바꿔 나갔다. 나중에 알고 보니 그것이 불면증으로 병원을 찾는 사람들에게 의사가 추천하는 방법이라고 한다. 병원에서는 불면증 환자에게 수면일기를 써서 좋은 '수면위생'을 유지하라는 처방을 내린다.

수면위생이란 수면에 영향을 주는 개인적이고 환경적인 변인들에 대한 일련의 규칙을 말한다. 수면에 영향을 주는 변인에는 침대, 베개, 이불, 잠옷, 온도, 습도, 조도, 잠자는 시간, 일어나는 시간, 자기 전에 먹은 음식, 자기 전에 하는 행동, 잠자리에서 하는 생각 등이 있다.

잠에서 깬 후, 수면의 질이 10점 만점에 몇 점이었는지 스스로 평가하고 각 변인들이 어땠는지 적어보는 방식으로 일기를 쓴다. 물론 전문가들이 각각의 변인이 어때야 하는지 정석을 말해 주지만 개인마다 몸과 마음, 상황과 환경이 다르기 때문에 일기(자기 대화)를 쓰면서 자신에게 최적화된 수면위생을 찾아야 한다.

수면일기가 귀찮게 느껴질지도 모른다. 하지만 숙면을 통해 자유투 성공률이 9% 올라간다면, 3점 슛 성공률이 9.2% 올라간다면, 통증이 줄고, 속도와 순발력이 향상된다면, 기억력과 인지능력이 상당 수준 향상된다면 이만큼 가성비 좋은 투자가 또 있을까?

다음 표는 내가 시합을 역기획하고 잠을 잘 못 자던 때에 수면일기를 쓰면서 찾은 나의 수면위생이다. 12일 동안 적었고 마지막에 10점을 기록한 수면위생을 끝까지 유지했다.

수면위생 기록 사례

변인	수면위생
침구류	낮은 베개, 린넨이불, 침대 벽 쪽보다는 바깥쪽
잠옷	속옷과 반바지만 입고 상의는 입지 않기
온도, 습도, 조도	온도-18도, 습도-55%, 조도-암막커튼 쳐서 최대한 어둡게
시간	오후 10시 30분~오전 5시 30분
음식	점심식사 후 비타민D 섭취, 저녁 운동 끝나고 닭쥬스만 섭취
물	오후 5시 이전까지 물 3리터 이상 섭취, 저녁에는 운동할 때만 300밀리리터

행동	잠이 와도 오후 10시 30분 이전에는 졸지도 않기 침대에 누우면 복식호흡하면서 얼굴 근육 이완하고 어깨 긴장 풀기
생각	오늘 있었던 감사한 일 생각하기 '나는 매일 조금씩 나아지고 있다'라고 되뇌기

만약 환경이 바뀌어서 완벽한 수면위생을 지키지 못하게 되더라도 그것이 잠을 방해하는 심리적 요인으로 작용해서는 안 된다. 최대한 그 장소에서 통제할 수 있는 수면위생을 맞추려고 노력하고, 이렇게 생각해야 한다.

'그냥 잤으면 수면의 질이 4점쯤 됐을 텐데 내가 이렇게 노력했으니 노력한 만큼 더 잘 잘 수 있겠어.'

JYP(박진영)는 말했다.

"오늘 하루 최선을 다해서 사셨다면 편안히 주무셔도 됩니다."

간절한 목표를 위해 수면위생까지 맞추려는 노력을 했다면 부디 편안히 잠들길 바란다.

코칭 질문

최근 일주일 수면점수는 몇 점이었나요? 어떤 변인들을 개선하면 수면점수가 올라갈까요?

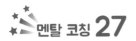
새벽을
사랑하는
열 가지 이유

　하루 두 번 운동을 시작한 지 3주가 지났다. 새벽 운동 전 먹는 식사를 조절했고 야근에 대비해 집에서 탈 수 있는 사이클도 마련했다. 저녁 운동 때까지 전력을 다하기 위해 비싼 소고기도 넉넉히 사두고 각종 영양제까지 챙겨 먹었다. 나름 순항 중이다.

　그런데 친구 한 명이 새벽에 일어나자마자 하는 웨이트 트레이닝이 몸에 안 좋다고 말했다. 검색해 보니 친구 말이 맞았다.
　'새벽에는 체온이 낮고 관절이 풀리지 않아 근력운동을 하면 온종일 몸이 뻐근하고 심할 경우 관절염이 생길 수 있다', '하루 중 신진대사가 가장 느리고 근성장을 방해하는 호르몬인 코르티솔 분비가 높은 시간대라 운동효과가 떨어진다', '자율신경계가 불안정해서 혈압이나 심박수에 급격한 변화가 일어나 심혈관계 질환이 발생할 수 있다'라는 내용이었다.

야심차게 하루 두 번 운동을 계획하고 겨우 적응했는데 새벽 운동이 이렇게 안 좋다니…. 알고 나니 운동이 잘 안 됐다. 노세보 효과(플라세보와 정반대되는 효과)가 생겼다. 여기서 멈춰야 할까? 나는 조금 더 가보기로 했다. 정말 안 좋은지는 자기 대화를 통해 판단하면 된다.

어느 정도 시간이 지나고 나서 내가 했던 걱정이 지나친 기우였음을 알았다. 새벽 운동이 안 좋다는 여러 가지 이유에도 불구하고 컨디션은 매일매일 최상이었다. 수행능력 향상도 거의 새벽에 일어났다.

새벽 운동엔 여러 가지 장점이 있다. 체육관에 사람이 없어 매번 차가운 정수기 물을 먹을 수 있다는 지극히 사소한 장점을 제외하고 열 가지만 정리해 봤다. 운동이 아니더라도 본인의 인생과제를 위한 덩어리 시간을 언제로 확보하느냐에 참고하길 바란다.

첫째, 새벽에는 자제력이 하나도 소진되지 않은 상태다. 저녁 운동을 위해 온종일 자제력 관리를 잘했다고 하더라도 자제력 에너지를 50% 이상 남기기 어렵다. 새벽엔 매일매일이 100%다. 벤치 프레스 1개를 더 드느냐 마느냐의 갈림길에서, 러닝머신 위에서 10분을 더 뛰느냐 마느냐의 갈등에서 언제나 승리할 수 있다.

둘째, 나만을 위한 시간이다. 나를 방해하는 사람은 아무도 없다. 전화, 카톡, 업무, 심지어 가족에게서도 자유로울 수 있다. 오롯이 나와 내가 몰입하는 과제만이 있다.

셋째, 머릿속이 깨끗하다. 하루 종일 머리에 입력된 여러 가지 잡생각들이 잠을 자는 동안 정리정돈된다. 깨끗한 정신으로 운동에 집중할 수 있다.

넷째, 핑계가 생기지 않는다. 새벽에 운동을 못 하는 것은 야근 때문도 아니고 거절 못 할 약속이 생겨서도 아니다. 새벽에 운동을 못한다면 순전히 내 의지문제다.

다섯째, 기구를 마음껏 쓸 수 있다. 새벽엔 사람이 없다. 러닝머신 타는 모녀와 맨몸 운동 위주로 하시는 아저씨 한 분이 전부다. 400평 체육관을 독차지한다. 새벽 운동을 시작하고 그동안 할 수 없었던 부위별 루틴을 만들었다. 컴파운드 세트(한 부위에 두 가지 종목을 묶어 복합적으로 실시하는 방법)도 가능해졌다. 자극의 강도와 깊이가 더해졌다.

여섯째, 부스터를 먹을 수 있다. 부스터는 카페인이 주성분인 만큼 저녁 운동 전에는 먹지 못했는데 새벽 운동에선 가능하다. 부스터는 확실히 집중력과 운동 수행능력, 펌핑감을 올려 줬다.

일곱째, 수면 황금시간대에 잘 수 있다. 새벽에 일어나려면 일찍 자야 한다. 오후 10시 30분에 누워 오전 5시 30분에 일어나는데, 수면의 황금시간대라고 알려진 오후 11시~오전 2시를 누릴 수 있다. 오후 11시~오전 2시는 숙면을 유도하는 멜라토닌이 가장 많이 분비되는 시간대이다.

여덟째, 시간을 효율적으로 쓸 수 있다. 새벽시간과 저녁시간은 다르게 흘러간다. 새벽에는 시간을 1분 단위로 인지한다. 출근이나 등교시간을 생각해 보면, 우리는 시간을 1분 단위로 쪼개서 확인하고 최대한 밀도 있게 사용한다. 하지만 저녁엔 다르다. 30분에서 1시간 단위로 시간을 확인하고 시간 사용도 늘어진다. 일찍 자고 일찍 일어나면, 늘어지는 저녁시간은 최대한 짧게, 효율 높은 새벽시간은 최대한 길게 가져갈 수 있다.

아홉째, 새벽은 집중력과 창의력이 가장 높은 시간이다. 에콜스 요가를 창시한 원정혜 박사는 새벽 5시~7시는 두뇌가 가장 총명해지는 시간이기 때문에 그날에 가장 중요한 정신활동을 하는 것이 좋다고 하면서, 새벽은 운동하기에는 아까운 시간이라고 말했다.[40] 비록 나는 운동하기엔 아까운 시간을 체육관에서 보냈지만, 멘탈에 관한 성찰 그리고 지금 이 책을 쓰는 데 기초가 된 아이디어 대부분을 새벽 운동을 하면서 떠올렸다.

열째, 승자효과를 안고 하루를 시작할 수 있다. 새벽 운동을 마치면 성취감이 고조된다. 아침 여덟 시도 되기 전에 뭔가 해냈다는 기분이 든다. 샤워를 마치고 체육관을 나설 때가 하루 중 가장 행복한 순간이다.

추신수 선수는 18살부터 17년이 지난 지금까지, 스프링 캠프 때면 새벽 4시 30분에 훈련을 시작한다. 추신수 선수의 루틴은 이렇다. 경기장에 가장 먼저 도착해 5-3-5-3 반신욕(뜨거운 물 5분, 찬물 3분)으로 몸과 정신을 깨운다. 이후 웨이트 트레이닝, 샤워, 치료 및 관리, 배팅 훈련을 한다. 시간을 1분 단위로 쪼개고 정확하게 지킨다. 만약 구단 누군가가 '추 어딨냐?'고 찾으면 다들 시계를 보고, '아 지금쯤 어디 있을 거야'라고 알려 줄 정도라고 한다.
— 이용균, 17년째 새벽 4시 30분 캠프 출근, 날 키운 건 8할이 준비, 스포츠 경향

4시 30분부터 몸과 마음을 준비하는 선수와 5분 늦게 훈련장에 도착하는 선수의 격차는 명성이 말해 주고, 기록이 말해 주고, 몸값이 말해 준다.

만약 새벽 다섯 시에 하루를 시작한다면 일어나서 무엇을 할 건가

요? 일어나서 해야 할 것이 명확하게 정리돼야 잠을 깰 수 있습니다. 무엇을 해야 하고, 왜 해야 하고, 어떻게 할 것인지 적어 보세요.

(What) 무엇을 할 건가요?	
(Why) 왜 해야 하나요?	
(How) 어떻게 할 계획인가요?	

아는 대로
행동하지
못하는 이유

멘탈 코칭 한 번으로 확 바뀌길 기대하는 선수들이 있다. 안타깝
지만 멘탈 코칭은 마법이 아니다. 간혹 코칭 한 번으로 시원하게 뚫
리는 선수도 있다. 이미 다른 부분이 완성돼 있고 한두 군데가 막혀
있는 경우다.

프로야구선수인 L은 신체조건이 좋고 힘과 균형이 잘 갖춰져 있
는 투수였다. 평균 구속 145km에 제구력도 좋아 전년까지만 해도
1군 마운드에서 공을 던졌다. 하지만 어느 순간부터 긴장하기 시작
했다. 긴장 때문에 제구력이 흔들렸고, 제구력이 떨어지자 긴장은
더 심해졌다. 결국 L은 악순환의 고리를 끊지 못하고 2군으로 내려

왔다. 2군에서도 긴장은 해결되지 않았다.

우리는 딱 두 번 만났다. 한 번은 코칭을 위해 만났고 한 번은 L이 밥을 사겠다고 해서 만났다. 첫 번째 만남에서 우리는 긴장을 낮추고 최적 심박수로 들어가기 위한 루틴을 만들었다. 1시간도 걸리지 않았다. L은 한 번 해 보겠다고 했다. 일주일 뒤 L에게서 연락이 왔다. "코치님, 많이 좋아졌습니다. 다시 구위를 찾았어요."

두 번째 만남에서 L은 다시 1군으로 갈 수 있을 것 같다고 말했다. 몇 개월 뒤 L의 소속팀은 한국시리즈에 진출했고 L은 시리즈 모든 경기에서 마운드에 올랐다.

L은 '다시 찾았다'라는 표현을 썼다. 선수가 이미 100만큼의 실력을 갖추고 있었지만 긴장 때문에 60까지밖에 실력 발휘를 못했고, 문제를 해결하니 다시 100의 실력을 찾은 경우다. 이런 경우에는 한 번, 길어야 네 번으로 코칭은 끝난다. 자기 실력을 100% 발휘할 수 없게 만드는 요인을 찾아 해결하는 방식으로 코칭이 진행된다. 주로 실전 경기력에 포커스가 맞춰진다.

반면, 아직 실력이 갖춰져 있지 않은 선수에게 하는 코칭은 다르다. 경기력 외에 연습의 질을 높여 성장을 가속화하도록 돕는다. 할 것이 많다. 하나하나 체화될 때까지 학습하고 적용해 봐야 한다. 그러한 과정에서 수도 없는 시행착오를 겪는다. 솔직하고 처절한 피드백이 오가야 하기에 서로 간에 신뢰와 친밀감을 형성하는 시간도 필요하다. 이런 경우 코칭기간을 최소 6개월로 잡는다.

아는 것과 할 수 있는 것

대학농구선수 J는 마법을 원했다. '다시 찾을 것'이 아직 없음에도 멘탈에 대한 엑기스만 강의식으로 전수 받길 원했다. 아는 것과 할 수 있는 것은 다르다. 강의를 듣고 앎을 얻었다고 해서 바로 나아지지 않는다. 앎을 체화하는 과정을 거쳐야 한다.

경기력을 높이기 위해 무엇을 얼마나 연습해야 하는지, 무엇을 더 먹고 덜 먹어야 하는지 선수는 이미 알고 있다. 하지만 아는 대로 행동하지 못한다. 실전에서는 어떤가. 미드필더로 뛰고 있는 한 축구선수에게 그가 뛰었던 시합영상을 보여 준다고 생각해 보자.

그는 중앙선 부근에서 공을 잡았다. 패스를 넘겨주길 바라고 왼쪽 깊숙이 뛰어가는 선수와 오른쪽으로 돌아 뛰는 선수가 있다. 영상을 잠시 멈춘다. 그에게 어디로 패스해야 더 좋은 기회가 나는지 묻는다. 그는 말한다. "당연히 왼쪽이죠." 영상을 다시 플레이했다. 그는 왼쪽이 아닌 오른쪽으로 패스했고 패스는 상대 선수에게 차단당했다.

왜 사람들은 아는 대로 행동하지 못할까? 일상생활에서의 이유와 실전에서의 이유가 다르다. 일상에서는 목표, 동기, 몸, 감정, 인지수준, 환경 등에 영향을 받고, 실전에서는 긴장과 압박, 집중력 저하, 과도한 자의식 등이 수행을 방해한다. (그것을 알아내고 해결하는 것이 나의 역할 중 하나다.) 어쨌든 사람들은 아는 대로 행동하지 못하기에 목표 달성에 실패한다.

앎과 행동 사이에는 멘탈의 강이 흐른다. 멘탈이 강한 사람일수록 앎을 행동으로 연결하고 제 실력을 100% 발휘한다. 하지만 멘탈의 강을 건널 수 있는 다리는 하루아침에 만들어지지 않는다. 기술을 익히거나 체력을 키우는 것처럼 오랜 시간 훈련해야 한다.

한 번 익혔더라도 계속 점검하고 다듬어야 한다. 기술과 체력이 그렇듯이 말이다. 강의 한 번으로 강철 멘탈이 되는 그런 마법은 일어나지 않는다.

나 또한 마찬가지였다. 멘탈 코칭을 공부하고, 자격을 얻기 위해 수천만 원을 쓰고, 책과 논문을 읽고, 많은 선수들을 코칭했음에도 아는 대로 행동하지 못했다. 멘탈 코치로서 부끄러울 만큼 몸과 감정에 끌려다녔다. 셀프 코칭을 통해 자기 대화의 질을 높이고 배운 것들을 몇 가지 목표에 적용해 보고 나서야 나를 제대로 통제하고 있다는 느낌을 갖게 됐다.

더 극한의 상황에서는 어떨지 모르지만, 음식을 완전히 제한한 채 새벽 5시 반에 일어나 웨이트 트레이닝 30세트를 하고, 10시간 동안 회사에서 일한 뒤, 다시 웨이트 트레이닝 25세트와 유산소 운동 40분을 해치우는 데까지는 아무 문제없는 멘탈을 만들었다. 누구보다 잘 알고 있음에도 여기까지 1년 반이나 걸렸다.

엑기스만 받길 원했던 농구선수 J는 당시 대학교 3학년이었다. 나는 J에게 아는 것과 할 수 있는 것은 다르고 멘탈도 오랜 시간 훈련이 필요하다고 거듭 강조했다. 하지만 J는 그렇게까지 할 만한 시간이 없다고 했다. 어쩔 수 없이 두 번의 코칭을 강의식으로 진행했다. 노파심에 셀프 코칭할 수 있는 도구와 읽어야 할 책, 도움될 만한 강의 리스트를 정리해 줬다.

1년 반 정도가 지나고 인스타그램에 J가 올린 사진과 글을 보았다. 프로 진출에 실패하고 입대를 준비하는 듯했다. 안타까웠다. 코칭을 받았다고 프로리그에 진출했으리라는 보장은 없다. 하지만 평생 해 왔던 농구를 접어야 할지도 모르는 상황에서 그 정도 시간투자는 해 봐야 하지 않았을까. 멘탈원리를 이해하고 자기 대화의 질을 높였다면, 다른 길을 가더라도 도움이 됐을 텐데 하는 아쉬움이 남는다.

> **코칭 질문**

목표를 달성하기 위해서 지난 일주일을 어떻게 보냈어야 했나요? 실제로는 어땠나요? 멘탈의 강을 잘 건너왔나요? 지금까지 읽은 주제 중에 자신에게 가장 필요하다고 생각하는 주제를 완전히 체화될 때까지 연습해 보세요.

갑각류의
탈피

TV 프로그램 〈동물농장〉에서 갑각류의 탈피과정을 본 적이 있다. 스파이더 크랩이라고 불리는 대게가 낡은 껍데기를 빠져나와 새롭게 태어나는 과정이었다.

보통 갑각류들은 평생 15~20회 탈피를 한다. 다른 생명체처럼 몸이 서서히 자라는 것이 아니라 가지고 있던 껍데기의 탈피를 통해 몸이 자라난다.

그날 촬영된 대게는 탈피를 위해 안간힘을 쓰고 있었다. 쉬었다가 몸부림치기를 몇 시간 동안 반복했다. 전문가 말에 의하면 쉬는 것도 그냥 쉬는 것이 아니었다. 그 안에서 예전 신경과 조직을 떼어내는 작업이 활발하게 일어나는 중이라고 했다.

갑각류의 탈피과정은 온몸의 세포를 총동원하는 엄청난 고통을 수반한다. 에너지 소모와 스트레스가 상당해서 대게는 대부분 탈피과정 중 폐사한다고 한다. 설상가상으로 주변 다른 대게들은 탈피 중인 대게의 눈을 집게로 잡아 뜯으며 탈피를 방해하기까지 한다. 탈피과정에서 분비되는 점액질이 다른 대게들을 자극하기 때문이다.

우여곡절 끝에 대게가 탈피에 성공하는 장면은 경이로웠다. 이끼가 잔뜩 낀 낡은 껍질에서 말끔한 선홍빛 대게가 빠져나왔다. 등껍질만 벗는 것이 아니라 열 개의 다리까지 쏙 빠져나왔다. 이전 껍데기는 또 한 마리의 대게처럼 그대로 남아 있었다. 새 몸이 기존 몸보다 1.5배에서 2배 크다고 하니 참 마법 같은 일이면서도 그 과정이 얼마나 고통스러웠을지 짐작할 수 있다.

갑각류의 탈피는 조금 성장하는 것이 아니라 완전히 새롭게 태어나는 과정이다.[41]

폐사할 각오

운동선수들은 정체기라는 말을 자주 쓴다. 정체기를 극복하고 한 단계 올라서는 선수가 있고, 결국 넘지 못하고 조기 은퇴로 이어지는 선수도 있다.

삶의 정체기가 왔을 때 갑각류의 탈피과정을 떠올려 보자. 과연 한 인간으로서 갑각류만큼의 노력을 하고 있는지 말이다. 그동안 가져본 적 없던 큰 몸을 만들기 위해, 한 번도 내본 적 없던 속도를 내기 위해, 새로운 기술을 익히기 위해, 지방을 걷어내고 나쁜 습관을 떼어내기 위해 온몸의 세포를 총동원하고 있는가. 신경을 바꾸고 낡은 조직을 떼어내고 있는가. 주변 사람과 환경의 방해를 이겨내고 있는가. 폐사할 각오를 하고 고통을 인내하고 있는가.

어떤 사람들은 꼭 그렇게 고통스러워야 하냐고 반문할지도 모른다. '타고난 사람은 노력하는 사람을 이길 수 없고, 노력하는 사람은 즐기는 사람을 이길 수 없다'라면서 말이다. 나는 다르게 생각한다. 즐길 수 있는 수준에서는 발전할 수 없다. 몸과 뇌의 항상성을 깨고 끊임없이 과부하를 견뎌내는 과정은 결코 즐길 만한 수준이 아니다. 고통과 인내가 반드시 수반된다.

김연아 선수는 이런 말을 했다.

"13년 동안 훈련하면서 그 수를 헤아릴 수 없을 만큼 엉덩방아를 찧었고, 얼음판 위에 주저앉아 수도 없이 눈물을 흘렸다. 하지만 그런 고통이 있었기에 지금의 자리까지 올라설 수 있었다. 훈련하다 보면 늘 한계가 온다. 근육이 터져버릴 것 같은 순간, 숨이 턱까지 차오르는 순간, 주저앉아 버리고 싶은 순간. 이런 순간이 오면 가슴속에서 뭔가가 말을 걸어온다. '이 정도면 됐어, 다음에 하자. 충분해.' 하지만 이때 포기하면 안 한 것과 다를 바 없다. 이 순간을 넘어야 그다음 문이 열린다. 그래야 내가 원하는 세상으로 갈 수 있다."

즐길 수 있는 일을 직업으로 선택하는 것은 좋다. 하지만 그 일에서 더 큰 성취를 이루겠다는 꿈을 꿀수록 즐길 수 없는 고통은 반드시 찾아온다. 그것을 이겨내야 한다.

언덕을 뛰어 넘고 보다 가파른 다음 언덕을 찾아 나서야 한다. 그러한 과정이 지나고 뒤를 돌아봤을 때, 고통을 이겨내기 위해 몰입했던 순간이 가장 행복한 시간으로 기억될 뿐이다.

코칭 질문

현재 수준을 탈피하기 위해 고통을 감내하고 있나요? 아니면 어제와 똑같은 평온한 하루를 보내고 있나요?

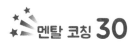
플랜
B의
힘

2008년부터 2012년까지 맨체스터 유나이티드에서 뛰었던 베르바토프는 볼 트래핑으로 유명했다. '백작'이라는 별명까지 붙을 정도로 그의 볼 트래핑은 점잖고 우아했다. 공이 어디서 어떤 속도로 날아오든 슛을 때리기 가장 알맞은 위치로 잡아 두고 간결하게 마무리했다.

최전방 공격수에게 볼 트래핑, 특히 퍼스트 터치는 정말 중요하다. 그는 몸이 강하거나, 스피드가 빠르거나, 드리블이 뛰어난 선수가 아님에도 퍼스트 터치 기술 하나로 2010~2011 시즌 프리미어리그 득점왕을 차지했다.

그에 비하면 벨기에 국가대표이자 괴물 공격수라 불리는 루카쿠의 볼 터치는 투박하다. 베르바토프와 달리 어마어마한 피지컬, 빠른 발, 드리블 능력까지 갖추고 있지만 자신에게 배달되는 패스를 알맞게 잡아 두지 못한다. 결국 그는 스물한 살 공격수 래시포드에게 주전자리를 뺏기고 맨체스터 유나이티드를 떠났다. 그런 루카쿠에게 맨체스터 유나이티드의 선배 베르바토프는 이런 조언을 건넸다.

"첫 터치 못하면 패스 잘 내주면 돼."[42]

나는 루카쿠가 이 조언을 가볍게 넘기지 말아야 한다고 생각한다. 루카쿠는 키 191cm에 몸무게는 100kg에 육박한다. 어떤 수비수와 붙어도 공을 지킬 수 있는 몸을 가지고 있다. 첫 터치가 안 좋았다면 몸으로 버티면서 어디로 내줄지를 빠르게 판단하면 된다.

골문 앞까지 배달된 패스를 제대로 잡아 두지 못했을 때 스스로 자책하거나 타인의 평가를 의식하기만 한다면 모든 가능성은 거기서 끝난다. 그날의 경기력도 멘탈과 함께 주저앉는다.

하지만 베르바토프의 조언처럼 첫 터치가 안 좋았을 때 어디로 내줄지를 생각한다면 또 다른 가능성이 열린다. 잘 내준 패스가 어시스트로 이어질 수도 있고 제3의 동료가 골을 넣을 수 있는 시발점이 될 수도 있다.

더 중요한 것은 플랜B가 플랜A의 수행력을 높여준다는 사실이다. 실수하면 끝이라는 두려움을 실수해도 괜찮다는 여유로 바꿀 수 있다면 플랜A를 더 자신감 있게 수행할 수 있다. 플랜B의 힘은 거기에 있다. 나는 루카쿠의 팬으로서 그가 백작의 조언을 이렇게 소화했길 바란다.

플랜B는 도피처가 아니다

플랜B는 본질을 외면하는 계획이 아니어야 한다. '국가대표가 되지 못하면 유튜버가 될 거야.' 이런 마음으로는 운동에 전념할 수 없다. 플랜B가 플랜A의 범주를 벗어난 또 다른 선택지가 돼선 안 된다.

우리는 때론 가능성과 선택지가 많아 몰입하지 못한다. 미하이 칙센트미하이의 《몰입》에는 수용소나 감옥에 갇혀 있을 때 극도의 몰입을 경험하는 사람들의 이야기가 나온다. 이들이 몰입한 대상은 대단한 것들이 아니다. 숲에서 울려 퍼지는 새의 지저귐, 고된 노역, 동료와 함께 나눠 먹는 빵 한 조각과 같은 지극히 일상적인 순간에 고취되어 행복감을 맛본다.[43]

어째서 그런 별것도 아닌 일에 몰입할 수 있었을까? 그것밖에 없었기 때문이다. 우리가 일상적인 순간은 차치하더라도 인생을 건 과제에조차 몰입하지 못하는 이유는 선택지가 너무 많아서일지도 모른다.

정약용은 전남 강진에서 유배생활을 하면서 《목민심서》를 저술했고, 나치의 유대인 학살을 피해 은신처에 숨어 지낸 안네 프랑크는 유네스코 세계기록 유산이 된 일기를 남겼다. 《돈키호테》는 해군 장교였던 세르반테스가 감옥에서 쓴 작품이다.

이런 명작이 탄생할 수 있었던 이유는 그들에겐 다른 선택지가 없었기 때문이 아닐까. 플랜B는 또 다른 선택지나 도피처가 아닌 플랜A를 더 잘 할 수 있도록 돕는 계획이어야 함을 명심하길 바란다.

이 책에 담긴 글을 쓰던 당시 나의 플랜A는 계약출판이었다. 결국 계약출판을 통해 이 책이 나올 수 있었지만, 당시만 해도 실현 가능성이 매우 낮았다. 책을 써 본 경험도, 출판사의 관심을 끌 만한 월드 클래스 선수를 코칭한 적도 없었기 때문이다. 하루에도 몇 번씩 자신감이 바닥을 쳤다.

나에게는 희박한 출판 가능성이 원고를 완성하는 데 있어서 가장 큰 장애물이었다. 하지만 내게는 플랜A를 밀고 나가는 데 힘이 돼주는 플랜B가 있었다. 출판사를 통해 책을 낼 수 없다면 북 펀딩에 도전해 보고, 블로그나 브런치, SNS를 통해 칼럼처럼 글을 연재하거나, 한 꼭지당 한 편씩 영상을 제작하여 유튜브에 업로드하겠다는 플랜B를 마련해 뒀다.

희박한 출판 가능성을 믿고 적지 않은 시간과 노력을 쏟는 게 책을 쓰는 꿈을 막는 가장 큰 이유였는데, 플랜B는 어떻게든 글을 활용할 수 있겠다는 생각을 하게 만들어 줬다.

계약출판을 통한 출판인 플랜A는 내가 통제할 수 없다. 하지만 내가 마련해 둔 플랜B는 100% 내 통제 아래 있었다.

여러분의 플랜A를 성공적으로 이끌 플랜B는 무엇인가요?

SUPER
MENTAL

고급 편

정체기를
극복하는
방법

슬럼프를 슬럼프라고 부르지 말자. 슬럼프라고 명명하는 순간 온갖 부정적 신호가 잡히기 시작한다. 슬럼프는 '슬럼프리미엄'이다. 다음 단계로 나아가기 위한 프리미엄 티켓이다.

슬럼프가 '프리미엄'이 되기 위해서는 자신에게 온 슬럼프가 어떤 모습인지 정확하게 파악할 필요가 있다. 내 경험상 선수가 겪는 슬럼프의 종류는 크게 다음 세 가지다.

① 정체기가 온 경우
② 평소 실력이 안 나오는 경우

220

③ 몸과 마음이 지쳐서 아무것도 하고 싶지 않은 경우

슬럼프가 어떤 모습으로 찾아왔는지 정확하게 파악하고 나면 그것과 마주할 자신감이 생긴다. 지금부터 세 개의 절로 나눠서 각각의 경우의 증상과 슬럼프에서 벗어나는 방법을 살펴보겠다.

우선 정체기다. 어떤 분야의 입문자든 1만큼 노력을 들이면 2 이상 성장한다. 그러다 어느 정도 실력이 쌓이면 가파르게 우상향하던 성장곡선이 서서히 1:1, 1:0.5로 줄어든다. 정체기는 노력과 성장의 비율이 1:0인 상태가 지속되는 상태다.

▥━▥ 정체기의 성장곡선

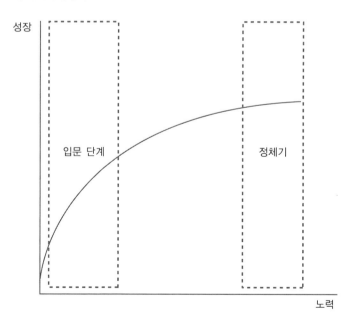

221

운동에서 입문자가 가파른 우상향 곡선으로 성장하는 이유 중 하나는 몸에 새겨진 기억 때문이다. 생리학에서는 이를 '머슬 메모리'라고 부른다.

오랫동안 운동을 쉬었던 사람이 다시 운동을 시작하면 과거에 키웠던 근력과 근육의 크기까지는 빠르게 성장한다. 근육이 과거상태를 기억하는 것이다. 오랜 기간 운동을 하면 근섬유 부피가 커지고 근섬유 내 세포핵 수가 증가하는데, 운동을 중단하면 근섬유 부피는 줄어들지만 근섬유 내 세포핵은 그대로 남아 있다. (세포핵은 단백질을 합성하여 근육의 크기와 근력에 중요한 역할을 한다.) 운동신경 또한 과거에 발달시킨 수준으로 남아 있다. 이것이 '몸이 기억한다'라고 하는 이유다.

입문자의 경우 어떤 종목을 처음 접하더라도 다른 운동이나 일상생활에서 발달시킨 수준까지는 빠르게 성장한다. 어떤 운동이든 근육의 기능과 신경이 중요하기 때문이다.

예를 들어 테니스를 처음 배운다고 해 보자. 입문 단계는 그 사람이 과거 배드민턴이나 탁구 혹은 축구 등을 하면서 발달시킨 근육의 기능과 근신경으로 마스터할 수 있다. 한동안 아무런 운동을 하지 않았더라도 근섬유 내에 남아 있는 세포핵이 근육 발달을 돕기 때문에 빠르게 입문 단계를 소화할 수 있다. 이럴 땐 1만큼의 노력을 들이면 2 이상 성장한다.

몸이 기억하고 있는 수준까지 빠르게 성장했다면 그때부터 정체기가 온다. 꾸준히 해도 성장이 느껴지지 않아 흥미가 떨어진다. 대부분이 여기서 포기한다. 성장을 위해서는 몸이 기억하는 수준 이상으로 넘어가야 하는데, 여기에 필요한 노력은 지금까지의 노력과는 결이 달라진다.

성장이 막히면 그때부터는 계단식으로 성장한다. 정체기는 다음 단계로 올라가기 위한 수준까지 성장했다는 신호다. 또한 정체기가 와서 괴로움을 느끼고 있다는 것은 포기하지 않고 연습과 노력을 지속하고 있다는 전제가 깔려 있기 때문에 다른 두 유형의 슬럼프보다 긍정적이다.

이제는 새로운 세포핵과 신경체계를 만들어 내야 한다. 이때 단순히 연습량만을 늘리겠다는 마구잡이식 훈련으로는 안 된다. 연습의 양과 질 모두 바꿔야 한다.

어글리 존에 들어가기

연습의 질을 바꾸려면 '컴포트 존'을 벗어나 '어글리 존'으로 들어가야 한다. 컴포트 존은 내게 익숙하고 편안한 영역이다. 오른발을 주로 쓰는 축구선수에게 오른발 슈팅은 수도 없이 반복해 온 익숙한 영역이다. 이 영역에서는 연습량을 늘려도 노력만큼의 성장이 이루어지지 않는다. 오히려 어느 정도 완성된 영역, 즉 컴포트 존에서만 훈련한 것이 정체기가 온 이유일 수 있다.

대학 시절 나는 토익 900점을 넘기고도 한동안 토익을 놓지 않았다. 거침없이 문제를 풀어 내려 갔고, 원어민들의 대화를 숨소리까지 놓치지 않고 들을 수 있었다. 토익 시험장에 가면 긴장한 사람들 속에서 나 혼자만 여유를 느끼는 듯한 기분에 괜히 우쭐했다. 참 바보 같은 짓이었다.

필요하지만 익숙하지 않은 영역, 의도한 대로 실행할 수 없는 영역, 시도와 실패가 계속 반복되어 현재 능력으로는 미치지 못하는 영역인 어글리 존으로 들어가야 했다.[44]

나에게 어글리 존은 영어회화였다. 토익은 900점을 넘겼는데 막상 외국인을 만나 대화하면 그들이 뭐라고 하는지 전혀 들리지 않았다. 아무런 잡음 없이 또렷하게 녹음된 음성과는 달랐다. 들리지 않으니 입을 뗄 수 없었고, 어쩌다 입을 뗀다 해도 초등학생보다 못한 수준이었다. 그때 어글리 존으로 들어가지 않고 컴포트 존에 머물다 취업한 일이 두고두고 후회로 남는다.

대학교 4학년이었던 당시 나에게 영어회화가 어글리 존이었다면 오른발을 주로 쓰는 축구선수에게 어글리 존은 왼발 슈팅이나, 새로운 슛 기술이나, 킥 파워 10% 이상 끌어올리기일 수 있다.

자신의 어글리 존이 어디인지 명확하게 인지하려면 신체, 기술, 멘탈 영역을 나눠서 살펴볼 필요가 있다. 예를 들어 농구선수라면 다음 표 중 어떤 요소가 가장 '어글리'한지 파악하기 위해 각 요소의 요구수준과 본인이 판단하는 현재 수준을 적어 보라. 자신의 종목과 포지션에 따라 요구되는 수준은 다르므로 모든 영역이 만점일 필요는 없다.

구분	요소
멘탈	집중력, 동기, 긍정사고, 긴장 조절, 감정 조절, 자신감, 즐거움, 심상
신체	심폐 지구력, 근지구력, 근력, 순발력, 유연성, 점프력, 스피드, 부상 관리
기술	숏(3점, 미들, 레이업, 훅, 페이드 어웨이, 자유튜 등), 드리블(레그스루, 비하인드백, 턴 어라운드 등)

다음 표는 센터 포지션에서 뛰고 있는 농구선수가 작성한 표이다.

영역	요소	현재수준(○) 요구수준(☆)										차이
		1	2	3	4	5	6	7	8	9	10	
멘탈	집중력	1	2	3	4	5	○6	7	8	9	☆10	4
	동기	1	2	3	4	5	6	7	○8	9	☆10	2
	긍정사고	1	○2	3	4	5	6	7	8	☆9	10	7
	긴장 조절	1	2	3	○4	5	6	7	8	9	☆10	6
	감정 조절	1	2	○3	4	5	6	7	8	9	☆10	7
	자신감	1	2	3	4	○5	6	7	8	9	☆10	5
	즐거움	1	2	3	4	○5	6	7	☆8	9	10	3
	심상	1	2	3	4	5	6	○7	☆8	9	10	1
신체	심폐 지구력	1	2	3	4	5	6	○7	☆8	9	10	1
	근력	1	2	3	○4	5	6	7	8	9	☆10	6
	근지구력	1	2	3	4	○5	6	7	8	☆9	10	4
	순발력	1	2	3	4	5	6	○7	8	☆9	10	2
	유연성	1	2	3	4	5	6	7	○8	☆9	10	1

		1	2	3	4	5	6	7	8	9	10★	
신체	점프력	1	2	3	4	5	6	⑦	8	9	★10	3
	스피드	1	2	3	④	5	6	7	★8	9	10	4
	부상 관리	1	2	3	4	5	6	7	8	⑨	★10	1
기술	3점슛	1	②	3	4	5	★6	7	8	9	10	4
	미들슛	1	2	③	4	5	6	7	★8	9	10	5
	레이업	1	2	3	4	5	6	7	8	9	★⑩	0
	훅	1	2	3	4	5	⑥	7	8	9	★10	4
	페이드 어웨이	1	2	3	4	⑤	6	7	8	★9	10	4
	자유투	1	2	3	4	5	6	⑦	8	9	★10	3
	레스스루	1	2	3	4	5	6	⑦	★8	9	10	1
	비하인드백	1	2	3	4	5	⑥	7	8	★9	10	3

위 표를 기준으로 보면, 멘탈 영역에서는 긍정사고와 감정조절, 신체능력에서는 근력, 기술에서는 미들슛이 요구수준과 현재 수준 간에 격차가 큰 요소, 즉 이 선수의 어글리 존이다.

최소량의 법칙에서 말했듯이 이 요소들이 다른 요소의 성장을 붙잡고 있는 '제한인자'일지 모른다. 긍정사고, 감정조절, 근력, 미들슛에 대한 훈련목표 설정이 정체기를 탈출하기 위한 첫 번째 스텝이다.(목표 설정에 관해서는 '멘탈 코칭 38'에서 자세히 살펴보자.)

축구선수 H는 팔을 사용해 상대가 붙지 못하게 하는 기술을 어글리 존으로 뽑았다. H는 상체 근력운동과 실전에서 팔 사용에 집중하기로 했는데 자꾸만 컴포트 존으로 돌아왔다. 이유를 묻자 안 하던 것을 하려고 하니 실력 발휘가 안 되고 감독님에게 계속 지적을 받는다고 했다.

이 사례처럼 타인의 시선이나 평가는 컴포트 존을 벗어나는 데 걸림돌이 된다. 자기 대화를 통해 확실한 자기 평가가 내려졌다면 남의 시선이나 평가는 극복해야 한다. 나이가 들수록, 경력이 쌓일수록, 상위 리그로 갈수록 타인의 시선과 평가는 극복하기 더 어려워진다. 감독이나 코치에게 현재 자신이 어글리 존에서 훈련 중임을 알리고 이해나 조언을 구하는 것도 좋은 방법이다.

어글리 존은 고통스럽다. 컴포트 존은 말 그대로 편안하다. 심리적 안정을 위해 운동하는 것이라면 집 안에 머물러라. 하지만 최고가 되고 싶다면 진흙탕으로 들어가야 한다. 어글리 존이 컴포트해질 때까지 의식적 연습을 지속하고 또다시 어글리 존을 찾아 들어가야 한다. 바보가 된 듯한 기분이 들겠지만 기꺼이 바보가 되지 않는다면 영원히 정체되고 만다. 정체기가 온 지금이 최고의 기회다.

코칭 질문

지금 집 안과 진흙탕 중 어디에 머무르고 있나요? 어글리 존은 스트레스를 동반합니다. 하지만 명확한 의도와 목적을 갖고 의도적으로 만든 스트레스는 고도의 집중력을 발휘하게 해 줍니다. 스트레스를 두려워하지 마십시오. 어글리 존에서 길을 잃고, 실패하고, 넘어지십시오. 폭풍성장의 열쇠는 어글리 존 안에 있습니다.

'최고의 나'로 플레이하는 방법

"코치님 실력이 줄었어요. 하던 대로 안 돼요. 슬럼프인가 봐요."

실력이 줄 리가 있나. 오랫동안 훈련을 안 했다면 모를까, 매일 훈련하는데 실력이 주는 경우는 없다. 나는 이런 고민으로 찾아오는 선수 열 명 중 아홉 명은 평소 실력을 되찾는 것을 넘어, 자신이 냈던 최고 기량까지 발휘하도록 도울 수 있다. 그러니 아래 대화를 자기 종목에 대입해 읽어보길 바란다. 꼭 운동일 필요는 없다. 일이어도 좋고 취미로 하는 그 무엇이어도 좋다.

"인생 경기라고 할 만한 경기가 있나요? 그것이 언제였어요?"
"작년 9월이었던 것 같아요."

"어떤 팀과의 경기였나요?"

"수원에서 열린 원정경기였고, 제가 왼쪽 윙으로 뛰었어요."

"그날 날씨는 어땠나요?"

"구름이 많은 맑은 날씨였어요."

"잔디상태는요? 관중은 얼마나 왔죠? 기억에 남는 관중이 있었나요? 어떤 축구화에 어떤 양말을 신었죠? 머리는 어떻게 하고 갔나요? 경기 전에 어떤 기분이 들었어요? 경기 중에는요?"

나는 당시 경기상황에 대한 구체적인 질문을 던진다. 그 '인생 경기'로 선수를 데려가기 위함이다.

"그 인생 경기 중 본인이 생각하는 최고 장면에 대해 말해 주세요."

"제가 중앙선 왼쪽 지점에서 공을 받았어요. 땅볼로 빠르게 오는 공을 상대편 진영으로 툭 차서 돌려놓고 달렸어요. 박스 바깥에서 수비가 한 명 붙었는데 백 숏으로 가볍게 벗겨내고 숏을 할 수 있게 발끝으로 공을 밀어 둔 뒤에 숏 페인팅으로 한 명을 더 제치고 때렸어요. 공이 오른쪽 골대를 쾅 때리고 안쪽으로 들어갔어요!"

선수는 마치 공이 자기 앞에 있는 것처럼 그날의 움직임을 그대로 표현한다.

"중앙선에서 공을 받았던 지점부터 슈팅한 공이 오른쪽 골대를 쾅 때리고 들어갈 때까지 눈으로 봤던 것을 모두 말해 볼까요?"

선수는 자신이 보았던 것을 두루뭉술하게 얘기한다.

나는 기억을 더 상세하게 떠올릴 수 있도록 질문을 구체적으로 쪼갠다. 공을 몰고 뛸 때는 시야에 몇 명의 선수가 들어왔는지, 그때 우리팀 유니폼과 상대팀 유니폼을 입은 선수는 각각 몇 명이었는지, 잔디는 운동장 어느 부분까지 눈에 들어 왔는지, 공은 어떻게 보였는지 등 당시 그 선수가 보았던 모든 기억을 끄집어낸다.

그리고 나서 신체감각과 움직임에 대한 기억을 묻는다. 몸의 무게중심은 어디에 있었는지, 가장 많은 힘이 들어갔던 부위는 어디였는지, 어느 부위가 가장 가볍게 느껴졌는지, 턱은 얼마만큼 들고 뛰었는지, 옆구리와 팔의 각도는 어땠는지, 발목 감각은 어땠는지, 발바닥 중 어느 부분이 가장 많이, 자주 바닥에 닿았는지, 호흡은 어땠는지 등 머리끝부터 발끝까지 50개가 넘는 질문들을 쏟아 낸다. 이 과정은 마치 법최면 수사기법과 비슷하다. (법최면은 범행을 목격한 사람이 당시 상황을 명확하게 기억하지 못하는 경우, 최면을 통해 잠재의식 상태의 기억을 이끌어 내는 수사기법이다.)

이러면 선수는 생각이 많아진다. 자신의 역할을 최고로 수행했을 때, 무엇을 어디까지 보고 신체를 어떻게 사용했는지에 대해 다시 기억을 떠올리게 된다.

생각할 시간을 충분히 갖고 난 뒤에는 최악의 경기, 최악의 장면으로 가서 같은 질문을 되풀이했다. 이럴 경우 선수는 자연스럽게 '최고의 나'와 '최악의 나'를 시각과 신체감각, 움직임 관점에서 비교하게 된다.

이제 평소 실력대로 안 된다는 슬럼프에서 빠져나와 다시 '최고의 나'로 돌아가기 위한 힌트들을 얻었다. 다음과 같이 '본 것'과 '느껴진 것'을 기준으로 두 장면을 비교하는 표를 만들면 쉽게 구분할 수 있다.

주요 질문	최고의 나	최악의 나	힌트
보이는 사람	운동장 끝에 있는 선수까지 다 보였다.	선수들 허리 밑으로만 보였다.	① 고개를 들고 플레이하는 것이 중요하다. ② 공 받기 전부터 계속 주의를 살피고 다음 플레이를 생각하자. 경기 내내 집중력이 중요! ③ 공을 보지 않고 드리블하는 연습을 많이 하자.
보이는 잔디	운동장 끝 라인까지 다 보였다.	내 발밑의 잔디만 보였다	
턱의 위치	상대 선수 가슴 높이까지 들려 있었다.	턱끝이 내 발끝을 향해 있었다.	
상체 무게중심	어깨가 들려 올려진 느낌이었다. 가볍다.	어깨가 처진 느낌이었다. 무겁다.	어깨 긴장을 풀자. 복식호흡을 하면서 숨을 내쉴 때 어깨에 들어있는 무게가 빠져나간다고 상상하자.
하체 무게중심	중심이 발 앞쪽으로 많이 갔다. 뒤꿈치를 들고 통통 튀는 느낌이었다.	발 전체가 바닥에 닿아 있는 느낌이었다. 특히 뒤꿈치 쪽에 중심이 가 있었다.	발끝으로 리드미컬하게 뛰자.

표를 만든 것으로 끝나면 안 된다. 잘 보이는 곳에 붙여 놓고 '최고의 나'가 더 높은 수행능력을 보이거나 '최악의 나'가 다시 모습을 드러내면 자기 대화를 통해 계속 다듬어 나가야 한다.

231

실전에서 기복이 심한 선수들에게도 같은 코칭을 진행한다. '나는 이럴 때 경기력이 좋았어'라는 어렴풋한 생각과, 모든 감각요소를 비교해서 심상과 루틴을 만들고 이를 세부적으로 조정해 가는 방식은 큰 차이가 있다.

앞에서 설명한 정체기를 극복하는 방법과 최고의 나를 찾는 과정은 모두 '질 높은 자기 대화'를 이끌어 낸다. 이 두 방법은 운동선수뿐만 아니라 성과를 내야 하는 모든 분야에 적용할 수 있다. 일, 공부, 시험, 게임, 노래, 연기 등 적용할 수 있는 분야는 무궁무진하다.

만약 가수라면, 혹은 노래를 좋아한다면 이런 식의 자기 대화를 해 볼 수 있다.

나의 어글리 존은 어디인가? 바이브레이션인가? 호흡인가? 3옥타브 미인가? 중요한 무대에서 과도하게 긴장하는가? 목이 금방 가 버리는가?

노래에 필요한 요소를 멘탈, 신체, 기술로 나눠서 어떤 요소가 가장 어글리한지 파악해 보고 훈련계획을 짜 보자.

또한 내 인생 최고의 무대와 최악의 무대를 떠올려 보고 당시에 어떤 생각을 했는지, 노래하기 전에 무엇을 먹었는지, 노래하면서 무엇을 봤는지, 소리가 신체의 어디를 훑고 나왔는지 등을 세심하게 비교해 보면 다시 한 번 최고의 무대를 만들 수 있는 힌트를 얻을 수 있다.

어떤 분야에서든 성장을 바란다면 훈련과 연습을 수동적으로 반복해서는 안 된다. 몸은 움직이되 머릿속에서는 끊임없는 자기 대화가 일어나야 한다. 어글리 존에서 폭풍성장의 열쇠를 찾고, 항상 최고의 모습으로 승리하길 바란다.

코칭 질문

여러분의 영역에서 '최고의 나'는 언제였나요? '최악의 나'는 언제였나요? 둘을 비교해 보고 '최고의 나'로 플레이할 수 있는 힌트를 얻어 보세요.

휴식의
기술

시합 27일 전, 체지방률이 8% 밑으로 떨어졌다. 아침 운동을 마치고 전신 거울 앞에서 몸 상태를 점검했다. 몸이 쪼그라든 것 같았다. 5일 동안 전 종목에서 증량이 없었다.

식단을 완전히 제한한 채 하루 두 번 웨이트 트레이닝, 유산소 운동 40분. 그렇게 하루도 쉬지 않고 두 달을 달려왔다. 몸이 비정상적이라고 받아 들일 만한 생활이 계속되자 그동안 잘 먹혀 왔던 '최고의 나'로 운동할 수 있는 루틴들도 효과를 발휘하지 못했다. '최고의 나'는 체지방률이 한 자리가 아니고, 이런 식단으로 운동하지 않는다.

회사에서 일이 손에 잡히지 않았다. 괜히 시합에 나가서 망신만 당할 것 같다는 생각이 떠나질 않았다. 당연히 해야 할 질문을 한 팀원에게 짜증을 냈다. 퇴근길, 지하철역 화장실에서 거울을 봤다. 거울이 더러운 건가, 눈동자가 뿌옇다. 조명이 구린가, 참 못생겼다.

집에 오면서 눈을 감고 뭘 더 할 수 있을까, 자기 대화를 시작했다. 여러 가지 가설이 떠올랐지만 더 하면 더 할수록 몸은 축날 것 같았다. 정신과 육체 모두 '쉼'이 필요했다. 니체는 말했다.

"자기혐오에 빠졌을 때, 모든 것이 귀찮게 느껴질 때, 무엇을 해도 도무지 기운이 나지 않을 때, 활기를 되찾기 위해서는 무엇을 하는 것이 좋을까? 도박이나 종교에 심취해 볼까? 아니면 유행하는 긴장완화요법을 시도해 볼까? 그것도 아니면 여행을 떠날까? 술을 마실까? 아니, 그 어떤 것보다도 제대로 된 식사를 하고 휴식을 취한 뒤 깊은 잠을 청하는 것이 가장 좋은 해결법이다. 그것도 평소보다 훨씬 많이. 그런 후 잠에서 깨어나면 새로운 기운으로 충만해진 다른 자신을 발견할 것이다."[45]

지하철에서 내려 체육관 대신 마트로 향했다. 한우 등심과 전복을 사 들고 집으로 왔다. 뜨거운 물로 목욕을 한 뒤 편한 옷으로 갈아입었다. 등심을 굽고 과감하게 전복에 버터를 둘렀다. 집에 있던 와인도 한 잔 가득 따랐다. 원래 식단보다 두 배가 넘는 칼로리를 집어넣었다.

맛있는 음식으로 느끼는 포만감은 이렇게 행복한 것이었다. 뭘 더 할 수 있을까에 대한 생각, 식단을 어겼다는 죄책감, 운동을 거른 찜

쩜함 따위는 모두 내려놓고 그저 '지금 여기'에서 휴식과 회복을 즐겼다. 몇 달 동안 단단하게 굳어 있던 몸이 풀어지는 기분이었다. 내일 아침 운동도 하지 않기로 했다. 아홉 시간 뒤로 알람을 맞추고 침대에 누웠다. 그리고 아주 깊이 잠들었다.

난 아직도 그날의 휴식을 잊지 못한다. 평소라면 별 특별할 것도 없는 휴식이었겠지만 정말 몸이 원할 때 가졌던 그날의 휴식은 와인처럼 달고 등심처럼 부드러웠다. 아침에 일어나니 몸과 정신이 완전히 회복된 기분이었다. 운동을 걸렀는데도 몸은 더 빵빵하게 차올랐다. 그날 저녁, 당기기운동 모든 종목에서 수행능력 증가가 있었다. 다음 날 아침 밀기운동에서도, 저녁 하체운동에서도 그랬다.

휴식도 하나의 기술이다. 적절한 때 적절한 방법으로 쉴 수 있다면 슬럼프를 막고 성장을 이어갈 수 있다. 괴테는 말했다. "나쁠 때에 흠뻑 쉬어 놓으면 좋을 때에 한층 더 좋아지는 법이다."
슬럼프를 극복하는 마지막 방법. 쉴 땐 쉬자. 아무것도 생각하지 말고 흠뻑.

코칭 질문

정말 지금 휴식이 필요한가요? 훈련이나 노력을 계속하는 것이 무의미할 만큼 에너지가 고갈됐나요? 그렇다면 힘들이는 모든 행동과 노력을 중단하고 최고의 휴식을 계획해 보세요.

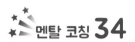

나를
속이는
기술

웨이트 트레이닝에서 쓰는 치팅은 두 가지다. 동작 치팅과 영양 치팅이다. 동작 치팅은 반동을 이용하거나 정자세에 변형을 줘서 무게나 개수를 늘리기 위해 쓴다. 영양 치팅은 일반적으로 다이어트를 할 때 사용한다. 평소에는 식단을 철저하게 지키다가 주 1회 한 끼는 '치팅 데이'로 정해 먹고 싶은 음식을 먹는 방법이다.

치팅 데이는 다이어터를 위한 오아시스라고 불린다. 일종의 보상인 셈이다. 음식제한으로 인한 스트레스를 줄여 다이어트를 이어가는 데 도움을 준다고 알려져 있다. 하지만 이러한 다이어트 방법은 추천하고 싶지 않다. 달콤한 한 끼를 위해 쓸쓸한 일주일을 보내는 다이어트 방법은 오래 지속하기 어렵다.

치팅 데이는 일반인들보다 고강도 웨이트 트레이닝과 다이어트를 병행하는 선수들에게 적합한 방법이다. 선수들에게 치팅 데이는 보상이라기 보다는 생존을 위한 식사에 가깝다.

선수들은 체중을 맞추고 근육 선명도를 높이기 위해 탄수화물을 극도로 제한한다. 저 탄수화물 식단에 고강도 트레이닝이 병행되면 글리코겐 고갈상태가 되는데, 그 상태가 지속되면 근손실을 피할 수 없다. 그래서 선수들은 치팅 데이에 정해진 식사량보다 (깨끗한) 탄수화물을 조금 더 밀어 넣어 근육 내 글리코겐을 저장하고 떨어진 컨디션을 끌어올린다.

나 자신을 속이는 세 번째 치팅

나의 경우 이완동작에 중점을 두는 바벨 컬(바벨로 하는 이두운동)과 풀업에서만 동작 치팅을 사용한다. 마지막 두 개 정도만 반동을 쓰고 나머지 종목은 끝까지 정자세를 고수한다. 영양 치팅은 쓰지 않는다.

내가 쓰는 치팅은 동작 치팅이나 영양 치팅이 아닌, 나 자신을 속이는 '세 번째 치팅'이다. 치팅(cheating)이란 사전적 의미로 '부정행위' 혹은 '속인다'라는 뜻인데, 앞서 말한 두 가지 치팅이 '기술'에 가깝다면, 내가 쓰는 세 번째 치팅은 정말 '부정행위'나 '속임수'에 가깝다.

스웨덴 북부 외딴 시골마을에서 벌목꾼의 아들로 태어난 군데르 헤그는 자신이 얼마나 빨리 달릴 수 있는지 알고 싶었다. 그는 아버지와 함께 1,500m 정도 되는 길을 찾아냈고, 아버지에게 기록측정을 맡긴 뒤 그 길을 달렸다.

초시계로 그의 기록을 잰 아버지는 4분 50초라고 말해 줬다. 트랙이 아닌 울퉁불퉁한 숲길에서 1,500m를 달린 기록 치고는 놀라운 결과였다.

그런데 사실 그의 아버지가 잰 실제 기록은 5분 50초였다. 아버지는 아들이 달리기에 대한 열정을 잃을까 봐 걱정도 됐고, 더 열심히 하라고 격려하고 싶은 마음에 기록을 1분이나 속인 것이다.

하지만 이 '속임수'는 군데르 헤그를 고무시켰다. 그는 자신이 육상선수로서 장래가 밝다고 믿게 됐다. 그때부터 그는 진지하게 훈련을 시작했고, 실제로 1940년대 초반에 세계기록을 열다섯 개나 깨는 세계적인 선수가 됐다.[46]

아버지의 '치팅'은 군데르 헤그의 자기 효능감을 높였다. '자기 효능감'은 자신이 어떤 일을 성공적으로 수행할 수 있다고 믿는 기대와 신념을 뜻하는 심리학 용어다.

할 수 있다는 믿음은 굉장히 중요하다. 믿음은 뇌의 화학작용과 호르몬, 근신경계를 바꾸고 길고 고된 훈련을 포기하지 않는 동기로 작용한다.

그렇다면 남에 의해서가 아닌 자기 스스로 자신을 속여서 자기 효능감을 높이는 것이 가능할까? 가능하다. 그것이 허무맹랑한 사기가 아니라 나조차 눈치챌 수 없는 정도의 치팅이라면 말이다.

나는 고3 때까지 공부와 거리가 멀었다. 공부는 하기 싫었지만 대학엔 가고 싶었던 나는 체대 입시로 방향을 잡았다. 하지만 그렇더라도 수능 3등급 이상은 나와야 이름 있는 학교에 갈 수 있는데, 워낙 철이 없던 시절이라 그 사실을 알면서도 공부는 하지 않았다.

그러다가 고3 9월에 학교에서 턱걸이를 하다가 어깨가 찢어지는 부상을 입었다. 철봉을 목 뒤로 넘겨서 당긴 게 원인이었다. 병원에서는 1년간 어깨를 쓸 수 없다고 했다. 절망적이었다. 결국 나는 어느 대학에서도 실기를 치르지 못하고 졸업을 했다. 어디에도 소속되지 않은 두려움을 처음 느꼈다.

그때부터 미래를 고민했다. 군대에 갈까? 어깨가 성치 않다. 취업할까? 아직 일은 하고 싶지 않은데… 재수할까? 공부가 세 가지 선택지 중 제일 자신 없었다.

아무것도 결정하지 못하고 시간이 흘렀다. 3월이 돼서야 도피의 수단으로 재수를 택했다. 재수학원에서 본 3월 첫 모의고사 점수는 400점 만점에 123점. 수능까지 남은 시간은 7개월. 친구들은 123점이 바로 내 수능점수라며 함께 일이나 하자고 했다. 이대로 11월이 되면 어떤 일이 일어날까? 아마 또 똑같은 선택지를 두고 고민하게 되겠지. 군대 갈까? 취업할까? 삼수할까?

나는 삼수까지 바라보고 열심히 해 보기로 했다. 하면 할수록 '공부도 체력이다'라는 말을 실감했다. 다들 금방 쓰러졌다. 나는 잘하진 못해도 오래 할 수 있었다. 졸리면 일어나서 공부했다. 밥 먹을 땐 영어 단어장을 펴 두고, 집에 가는 버스에서는 선 채로 문제집을 풀었다.

그날 목표한 공부량을 채우지 못하면 집에도 들어가지 않았다. 복도 계단에 앉아 그날 목표를 채우고 나서야 집에 들어갔다. 재수기간 내내 잠자는 네 시간 외에는 공부만 했다.

8월쯤 되니 수능이라는 시험을 잘 보기 위한 공부법과 여러 가지 요령이 보이기 시작했다. 노트에 과목별 공부전략과 문제유형별 풀이전략을 정리했다. 그전까진 점수가 잘 오르지 않다가 남은 3개월간 점수가 크게 올랐다. 수능 전 마지막 모의고사에서 360점을 맞았고, 실제 수능에선 그보다 더 올랐다. 기적이었다.

2~3개월만 더 시간이 있었다면 하는 아쉬움에 부모님께 삼수를 하겠다고 말했다가 매를 맞을 뻔했다. 나는 충분히 할 수 있다고 믿었지만 평생 공부 못하는 아들만 봐 왔던 부모님은 그 점수마저 잃어버릴까 두려우셨던 모양이다. 결국 나는 마지못해 합격한 대학에 입학했다.

여기까지가 나의 재수 성공 스토리다. 내가 재수 얘기를 꺼낸 이유는 이 얘기 안에 '치팅'이 있기 때문이다. 나는 그동안 수도 없이 재수 성공담 이야기를 했다. 친구들, 대학교 동기와 선후배, 과외했던 학생들에게 했다. 입사 동기에게, 사회에서 만난 지인들에게도 했다.

지난 15년 동안, 이 얘기는 점점 살이 붙었을 것이다. 듣는 사람에 따라, 상황에 따라, 내 기분에 따라 여러 가지 디테일한 정보들이 추가되거나 과장됐을 것이다.

내가 '~것이다'라고 말하는 이유는 어디까지가 진실이고 어디까지가 거짓인지 나조차 알 수 없게 돼 버렸기 때문이다. 물론 무릎 반동을 살짝 치거나 고구마 반 개를 더 먹는 정도의 치팅이겠지만 치팅이 분명히 있음을 고백한다.

어쨌든 재수 스토리의 교묘한 치팅은 나를 속이는 데 성공했고 나의 자기 효능감을 높여 줬다. 스토리가 풍성해지면서 나 자신을 (실제보다) 더 머리가 좋은 사람, 빠르게 성과 내는 사람, 체력이 좋은 사람, 목표에 강하게 몰입하는 사람이라고 생각했다.

대학생이 되고 나서는 남들이 2학년 때부터 준비하는 토익을 4학년이 돼서야 시작했다. 자기 효능감이 충만했던 나는 토익 900점을 넘기는 데 독학으로 3개월만 있으면 된다고 생각했다.

첫 번째 시험에서 600점대를 맞았지만 의기소침하지 않았다. 나는 머리가 좋고, 빠르게 성과 내고, 체력도 좋은 사람이었다. 한 달 뒤, 바로 다음 시험에서 900점을 넘겼다. 두 달도 걸리지 않았다. 내가 나를 속여 자기 효능감을 높이지 않았다면 첫 번째 시험을 본 후, 좌절했거나 공부하는 내내 의심과 불안으로 시간을 허비했을 것이다.

나는 요즘 '세 번째 치팅'을 운동에 사용한다. 무게와 개수를 기록할 때, 실제 들었던 개수보다 한 개 높여서 기록하곤 한다. 예를 들면 바벨 로우(허리를 숙인 채 바벨을 배 쪽으로 당기는 등운동) 70kg 열 개를 들어 놓고 기록할 때는 열한 개로 기록하는 식이다.

체육관에 사람이 많아 등운동을 할 때마다 매번 바벨 로우를 하진 못한다. 2주 정도가 지나고 다시 바벨 로우를 잡으면 내가 정확하게 적었는지, 한 개를 올려서 적었는지 기억나지 않는다. 그럼 나는 2주 전에 70kg 열한 개를 들었던 사람이 된다. 자연스럽게 원래 도전해야 할 열한 개가 아닌 열두 개에 도전한다. 도전목표를 열한 개로 잡고 들어가는 것과 열두 개로 잡고 들어가는 것은 수행결과에 분명한 차이를 가져온다.

나는 치팅을 적절히 활용해 자기 효능감을 높이고 성과를 끌어내고 있다. 다시 말하지만 허무맹랑한 사기로는 자신을 속일 수 없다. 우리 회사의 한 임원은 신입사원 교육 때 이렇게 말했다.

"수학을 잘하는 방법을 알려 주겠다. 내가 수학을 잘한다고 믿어라. 그러면 실제로 수학실력이 는다. 일에 대한 두려움이 생기면 내가 그 일을 잘하는 사람이라고 믿어라. 그럼 어떤 일이든 해낼 수 있다."

지나친 긍정주의다. 잘한다는 생각에 대한 '근거'가 있을 때 생각은 '믿음'이 된다. 실제로 성공했던 재수경험이 있었기 때문에 살이 붙은 얘기를 믿을 수 있고, 열 개는 들었기 때문에 열한 개의 기록을 믿을 수 있는 것이다.

아무 근거도 없이 생생하게 꿈꾸고, 상상하고, 믿는다고 그 일을 해낼 수 있다면 나는 방구석에 틀어박혀 생생하게 꿈꾸고 상상하는 데 대부분의 시간을 쓸 것이다. 세 번째 치팅은 나 자신도 눈치 채지 못할 정도여야 한다.

> **코칭 질문**
>
> 자기 효능감을 높이기 위한 여러분만의 작은 속임수는 무엇이 있을 까요?

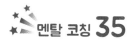

철저히 혼자가
되기 위해
침잠하라

드디어 시합 당일, 다행히 체급기준보다 0.2kg 밑으로 계체량을 통과했다. 운동을 도와줬던 친구 현석이와 지원이가 먼 곳까지 와서 시합준비를 함께해 줬다.

기왕 나간 거 트로피를 꼭 가져오고 싶었지만 그러지 못했다. 하지만 무대에 오르기도 전에 이미 나는 원했던 모든 것을 얻었다. 20대를 뛰어넘어 지금껏 한 번도 가져보지 못한 몸을 만들었고, 1년 동안 끊임없이 한계를 깨부수면서 정신적으로도 크게 성장했다. 앞으로는 다른 삶이 펼쳐질 거라는 예감이 들었다.

시합을 마치고 집으로 오면서 아내가 말했다.

"평일에도 친구들이랑 같이 운동했으면 몸이 훨씬 좋아졌을 텐데 회사 다니느라 그렇게 못해서 아쉽겠네?"

나는 대답했다.

"그럴 수 있었어도 혼자 운동했을 거야."

긴장이 풀릴 수 있는 토요일엔 오히려 운동화 끈을 더 단단히 조여야 했다. 잘 쓰지 않는 복압 벨트와 스트랩도 챙겨 넣었다. 현석이와 둘이 하던 토요일 운동에 지원이를 비롯해 몇 명의 친구들이 합류했다. 체육관을 운영하거나 트레이너를 하면서 시합을 뛰고 있는 선수들이다.

그러다 보니 토요일 운동은 혼자 하는 운동과는 차원이 달랐다. 너무 뒤처지지 않으려고 따라가다 낙오하기 일쑤였다. 분명 등운동만 했는데 다음 날이면 가슴과 복근까지 근통증이 왔다.

토요일 저녁은 어글리 존에서 훈련할 기회이자 몸 만드는 노하우를 배우는 귀중한 시간이었다. 그럼에도 내가 아내에게 혼자 하는 운동을 선택했을 거라고 말한 이유는 자기 대화의 질 때문이다.

우리는 타인이 자기를 어떻게 생각하는지에 따라 행동할 때가 많다. 나를 진중한 사람이라고 생각하는 사람들과 함께할 때와 나를 유쾌한 사람이라고 생각하는 사람들과 함께할 때, 내가 하는 행동과 생각은 달라진다. 아주 가까운 사이가 아닌 이상, 심지어 가족일지라도, 타인과 함께할 때는 진정한 나로 존재하지 못한다. 멘탈은 자기 대화의 질을 높여 만들어 가야 하는데 친구들과 함께했다면 진정한 나로서 나 자신과 대화할 수 없었을 것이다.

246

친구들과의 수준차이도 컸다. 그들과 페이스를 맞추는 데 급급해 기록하지 못했을 것이고, 주도적으로 가설을 세워 시도해 보지 못했을 것이고, 나만의 루틴과 나에게 맞는 지식을 만들어 가지도 못했을 것이다. 급진적 과부하로 몸이 망가졌을지도 모른다. 친구들과 함께하는 운동은 일주일에 한 번이면 충분하고 감사했다.

《혼자 있는 시간의 힘》의 저자 사이토 다카시는 "30대 이후를 살아가려면 젊은 시절의 에너지를 기술로 전환해 둘 필요가 있다"라고 하면서 철저하게 혼자 있는 시간의 중요성을 강조했다.

> 나는 '침잠'이란 말을 좋아한다. 물속 깊숙이 잠기면 무음의 세계를 떠도는 듯한 고요함에 휘감긴다. 그런 고요함 속에서 혼자 무언가에 몰두했다고 하자. 그렇게 만들어진 것은 영원히 사라지지 않는다. 물 위에 떠오른 뒤에도 자기 안에 존재한다.
> – 사이토 다카시, 《혼자 있는 시간의 힘》

나는 30대 때의 10%에 해당하는 적지 않은 시간 동안 '침잠'했다. 일주일에 한 번, 친구들과 운동하는 시간을 제외하고는 모든 교제를 끊었다. 일을 마치면 혼자 체육관에 가서 운동하고, 생각하고, 기록했다. 내가 알고 있는 모든 코칭 기술을 하나씩 적용해 보면서 이론과 현실을 조율했다.

그 덕에 나의 코칭은 한결 깊고 풍성해졌다. 여러 선수를 코칭하며 임상경험을 쌓은 것과는 또 달랐다. 이전보다 선수 마음으로 훨씬 깊숙이 들어갈 수 있게 됐다.

요즘 SNS에 올린 시합 사진과 바디 프로필을 보고 PT를 해달라는 지인들이 생기고 있다. 나는 PT 경험도 없고 관련 자격증도 없지만 아무 어려움 없이 그들을 도울 수 있다. 1년 동안 질 높은 자기 대화를 나눴기 때문이다.

친구들에게 배운 표준 자세와 이론, 영양과 휴식에 따른 몸의 변화, 변화과정에서 느꼈던 모든 감정을 기록했고, 스스로 동기부여하고 성장을 가속화하기 위해 필요한 '행동과 생각'을 멘탈 코치 관점에서 정리했다.

선수가 아닌 이상 몸 만들기에 있어서는 방법보다 멘탈이 훨씬 중요하다. 방법이 틀려 실패하는 경우는 없다. 대부분 멘탈이 무너져서 실패한다. 그런 면에서 누구보다 강한 몰입을 끌어내고 끝까지 해내도록 도울 자신이 있다.

나는 이렇게 30대 중반에 내가 가진 에너지를 새로운 기술로 만들고 심화하는 데 사용했다.

'무릇 선비란 헤어진 지 사흘이 지나 다시 만날 때는 눈을 비비고 다시 볼 정도로 달라져 있어야 한다'라는 격언이 있다. 내 삶을 돌이켜보면 '눈을 비비고 다시 볼 정도'의 성장은 모두 혼자 있는 시간에 이루어졌다.

앞만 보며 공부했던 재수 8개월은 방황하던 고졸을 대학생으로 만들어 줬고, 2개월간 '혼밥'하며 몰두했던 토익 덕분에 번듯한 회사에 입사했고, 1년간 홀로 흘린 땀은 '돼저씨'를 '몸짱'으로 만들어 줬다. 그리고 매일 새벽 5시 반, 적막 속에 울려 퍼졌던 타자 소리는 결국 나를 작가로 만들어 줬다.

혼자 있는 시간을 두려워할 필요 없다. 오히려 적극적으로 혼자가 돼라. 누구도 내 꿈을 대신 이뤄 주지 않는다. 혼자 있는 시간을 확보하기 어렵다면 새벽시간 활용을 권한다. 그 시간이 하루 중 가장 깊이 침잠할 수 있는 시간이다.

코칭 질문

마종기 시인의 시구(詩句)가 생각납니다. '아름다운 것은 대개 외롭거나 혼자이고, 옳다는 것은 대부분 외톨이었다.' 관계에서 오는 시간적, 경제적, 감정적 소모는 얼마나 되나요? 그것들을 투자한 만큼 꿈과 가까워졌나요?

나의
강점
활용법

무엇이든 자신에게 자연스러운 방식으로 할 때 멘탈은 강해진다. 사람마다 자연스럽게 반복되는 사고와 행동패턴이 있다. 어떤 사람은 사교적이고, 어떤 사람은 독립적이다. 어떤 사람은 생각을 먼저 하고, 어떤 사람은 행동이 앞선다. 도전적인 사람이 있고 안정을 원하는 사람이 있다. 굵고 힘 있는 것에 매료되는 사람과 작고 섬세한 것에 매료되는 사람이 있다.

자신에게 부자연스러운 방식으로 성과를 내려는 시도는 잘 닦인 8차선 도로를 두고 삽으로 샛길을 만들려는 것과 같다. 자연스럽지 못한 방식으로 행동하고 사고할 때 효율은 떨어지고 자제력 또한 더 빨리 소진된다.

물론 삽질로도 길을 낼 수 있다. 인간의 능력이 타고난 대로 고정된다는 말로 오해하지 않길 바란다. '무엇이 더 효율적인가'를 먼저 생각해 보자는 것이다.

자신을 어떻게 사용해야 효율적인지, 정확한 사용법을 알고 있는가? 그것을 알기 위해서는 우리 뇌 회로가 어떻게 만들어졌는지를 이해할 필요가 있다.

인간의 사고와 행동패턴은 뉴런이 어떻게 연결돼 있느냐에 따라 달라진다. 우리 신경세포는 감각 신경세포, 연합 신경세포, 운동 신경세포로 나뉘고, 이 신경세포들은 뇌와 온몸을 연결하고 있다. 신경세포는 다른 말로 뉴런이라고 하는데, 수정된 난자가 자궁에 착상되고 42일이 지나면 뇌는 4개월 동안 무려 천억 개의 뉴런을 생성한다. 1초에 9,500개의 뉴런이 만들어지는 셈이다.

이 기간이 지나면 뉴런 수는 더 늘어나지 않는다. 그리고 태어나기 2개월 전부터 생후 3년이 될 때까지, 천억 개의 뉴런은 서로 통신하기 위해 무려 약 1만 5,000개의 연결(시냅스)을 만들어 낸다.

그런데 생후 3년이 지나면 인체는 연결 생성을 더디 하고 그동안 정성스럽게 엮었던 연결의 절반을 끊어 버린다. 15세가 지나면 이제 뇌 연결 회로는 그다지 변화하지 않는다.

태어난 후 몇 해 동안은 생존에 필요한 모든 정보를 흡수하기 위해 필요 이상의 연결을 만들어 냈던 것인데, 어느 정도 성장하고 난 후에도 뇌 회로가 전부 기능한다면 온갖 방향에서 나오는 엄청난 신호에 압도돼 버릴 것이기 때문이다.

인간은 자신의 유전적 형질, 교육, 경험 등을 통해 세계관을 형성하고 끊어야 할 회로와 남겨야 할 회로를 선별함으로써 남겨진 회로를 더 사용하기 쉽게 만든다.[47]

자신만의 8차선 도로는 이러한 과정을 통해 만들어진다.

당신의 뇌에는 어떤 도로가 뚫려 있는가

우리는 원래 자연스럽게 사고하고 행동했다. 사회적 규범, 획일화된 교육, 부모의 기대나 주변 사람들의 시선 때문에 점점 자신의 색깔을 잃어버린 것이다. 그래서 나에게 자연스러운 방식이 아닌 남들이 보기에 자연스러운 방식으로 행동했다. 남들에게 자연스러운 방식이 나의 것과는 완전히 다른 모습일 때 '멘탈'은 흔들리고 '성과'는 멀어진다.

그렇다면 나의 뇌 회로, 나의 방식, 나의 색깔이 무엇인지 명확하게 규정할 수 있는가? 뇌 회로를 들여다 볼 수는 없지만 자기 보고식 심리성격검사(MBTI, 다중지능검사, DISC, Strengths Finder 등)나 일기, 코칭과 같은 성찰을 통해 자신에 대한 이해 수준을 높일 수 있다.

운동을 다시 시작할 무렵, 나는 다른 사람들이 지켜볼 때 무엇이든 더 잘 해낸다는 성찰을 한 적이 있다. 어떤 사람들은 지켜보는 눈이 많으면 집중력이 떨어지고 불안감이 커진다. 내 과거를 돌이켜 보니 칸막이가 있는 독서실보다 훤히 뚫려 있는 열람실에서의 공부가 더 잘됐고, 지켜보는 사람이 많은 경기에서 더 좋은 활약을 했다. 또한 미니홈피로 내 생활을 낱낱이 공개하던 시절이 인생에서 가장 열심히 살던 시기이기도 했다.

내가 운동 목표를 끝까지 포기하지 않은 이유 중 하나는 이런 내 성향을 활용했기 때문이다. 그 전에는 어떤 다짐을 하더라도 주변 사람들에게 알리지 않았다. 하지만 성찰이 있고 난 뒤, 나는 이를 판돈을 올리는 데 사용했다. 만나는 사람마다 내 운동 목표를 알렸고, 운동으로 몸이 변하는 과정을 SNS에 업로드했다. 나에게는 누군가 지켜보고 있다는 생각이 부담이 아닌 동기로 작용했다.

축구선수 P는 분석가였다. 운동 관련 자료를 모으고 분석하길 좋아했다. 영양에도 관심이 많아 관련 책도 찾아 읽고 식단을 직접 짜보려고도 했다. 하지만 이내 포기했다. 팀 에이스였던 동료가 "축구는 공을 가지고 뛰는 단순한 운동이고, 신체능력이 성적을 좌우하는 스포츠야"라고 말한 것에 의기소침해졌기 때문이다. 그때부터는 그저 훈련량을 늘리는 데 집중했다.

나는 P가 한때 매진하려고 했던 '분석'이 멘탈을 만드는 자기 대화와 일맥상통한다고 말하면서 다시 분석을 시작해 보라고 했다. 그리고 내가 엑셀로 직접 만든 자기 대화 도구를 주고 스스로 분석할 수 있게 코칭했다. P는 신이 났다. 이전보다 즐거운 마음으로 축구에 몰입했다.

성향은 양날의 검

자기 색깔을 살리면 성과는 배가 된다. 하지만 그것이 꼭 긍정적으로만 발현되진 않는다. 만약 남의 시선을 신경 쓰느라 보여주기에만 매진하거나 너무 많은 분석이 혼란을 가져온다면 본질을 놓치게 된다. '성향'은 그 자체로 좋은 쪽도 나쁜 쪽도 아닌 '양날의 검'이다.

꽃집 창업을 준비하고 있던 K는 미대를 나와 색에 대한 이해도가 높고 손재주도 타고난 사람이었다. K는 '티칭'을 받고 창업을 위한 기초 지식을 쌓았다. 6개월간의 플로리스트 창업반 과정을 마쳤고 온라인 스토어 오픈과 운영에 대한 컨설팅까지 받았다.
그런데 그 후 3개월이 지나도록 한 발자국도 떼지 못하고 멈춰 있었다. '코칭'이 필요했다. 나는 K와의 두 번째 코칭 세션에서 그가 주저하는 이유를 알게 됐다.

K는 완벽주의자였다. 모든 것을 완벽하게 해야 직성이 풀리고 주변 사람들도 그에게서 그런 모습을 기대했다. 그래서 100% 확신이 들지 않는 일에는 선뜻 발을 떼지 못했던 것이다.

254

K는 심지어 꽃 시장에 가는 것조차 망설였다. 도매상인들을 상대로 능숙하게 거래할 수 없을 것 같다는 두려움 때문이었다. K는 자기가 가진 완벽주의 성향이 좋은 줄로만 알았지 실행을 가로막는 요인이 될 줄은 몰랐다고 했다.

나는 K에게 퀵 앤 더티(Quick & Dirty)를 권했다. 70% 확신이 있는 일은 무조건 시작하고 나머지 30%는 하면서 채워 가는 방식이다. 완벽주의 성향이 있으니, 우선 착수하고 나면 모자란 30%를 채우기 위해 더 힘을 내지 않겠냐는 말로 K가 발을 떼도록 격려했다.

K는 코칭을 받은 대로 용기를 내서 한발 한발 움직였다. 예상대로 완벽주의 성향이 발현됐다. 우선 저지른 일은 밤을 새워서라도 마무리 짓는 모습을 보였다.

4월 중순, K는 드디어 인스타그램에 배달과 픽업으로 꽃을 판매하는 온라인 스토어를 오픈했다. 어버이날, 로즈데이, 스승의 날이 있는 5월 성수기를 2주 앞둔 때였다. 우리는 5월 매출목표를 100만 원으로 잡았다. 결과는 어땠을까? 5월을 2주 이상 남기고 매출은 400만 원을 넘겼다.

자신이 어떤 성향을 가졌는지 이해하는 데서 그치지 말고, 그 성향을 어떻게 활용해야 하고, 무엇을 주의해야 하는지까지 성찰해 보자. 성찰의 도구로써 다음 절에서 소개할 FLAT폼을 꼭 써 보길 바란다.

나의 방식, 나의 색깔은 무엇인가요? 현재 그런 모습으로 목표를 이뤄 가고 있나요?

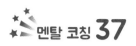

조용한
시간
Quite Time

QT는 Quiet Time의 약자로, 번역 그대로 하면 '조용한 시간'이라는 뜻이다. 기독교에서는 QT를 경건의 시간이라고 부른다. 독실한 크리스천들은 매일 성경말씀을 읽고 묵상하고 기도하면서 하나님과 영적으로 교제하는 시간을 갖는다.

나도 매일 QT를 한다. 기독교인으로서 부끄럽지만 내가 하는 QT는 하나님과 영적으로 교제하는 시간이 아니라 나 자신과 교제하는, 자기 대화를 위한 시간이다.

QT는 매일 오전 중에 마치고, 내가 직접 고안한 FLAT폼을 활용한다. FLAT은 형용사로 '고른', '반반한'이라는 뜻이 있다. 어제 하루 동안 느끼고, 배우고, 감사했던 일들이 흩어져 날아가지 않게 고르고 반반하게 다지자는 의미로 만들었다.

FLAT은 아래와 같이 느낀 것, 배운 것, 적용할 것, 감사할 것의 머리글자다. 엑셀에 양식을 만들어 놓고 각 항목에 해당하는 내용을 매일 묵상하고 기록한다.

 - (to) Feel : 느낀 것
 - (to) Learn : 배운 것
 - (to) Apply : 적용할 것
 - (to) Thank : 감사한 것

QT를 하루의 끝에 하지 않고 다음 날 오전에 하는 이유는 긍정적이고 활기찬 마음상태로 하기 위함이다. 몸과 정신이 지쳐 있으면 생각이 짧아지거나, 감상에 빠지거나, 나 자신을 원망하거나, 남을 탓하는 부정적인 마음이 깃드는 경우가 있다.

하루 동안 있었던 수많은 일과 생각이 잠자는 동안 정리정돈되고 심적·육체적 에너지가 충분히 채워졌을 때 하는 QT가 자신을 더 생산적인 방향으로 이끌어 준다.

QT는 어디에 하든 상관없다. 다만 내면의 이야기를 모두 끄집어내야 하기에 아무도 볼 수 없게 관리할 수 있어야 한다. 나는 엑셀 파일에 작성하고 파일을 잠가 놓는다.

FLAT폼은 자기가 몰입하고 있는 과제에 관한 내용이 주를 이루게 된다. 나의 FLAT폼은 코칭에 관한 내용이 주를 이루다가 운동을 시작하고 나서부터는 운동에 관한 얘기가 들어오기 시작했다. 내가 운동 초반에 썼던 FLAT폼 중 하나를 샘플로 소개한다.

Feel	1. 이제 운동이 '해야만 하는 과제'처럼 느껴지지 않는다. 오히려 하루 동안 수고한 나에게 주는 보상처럼 됐다. 2. 다른 부위에 비해서 팔이 커지지 않는다. 팔운동이 다른 운동에 비해 즐겁지가 않기 때문인 것 같다. 특히 이두의 수축감이 그리 좋지 않다. 분명 세 개는 더 들 힘이 남았는데도 포기해 버릴 때가 많다.
Learn	1. 스쿼트 (1) 고관절, 뒷다리, 종아리 스트레칭을 통해 유연성을 가져야 좋은 자세가 가능하다. (2) 무릎의 안정성을 확보해야 한다. 발의 방향과 무릎이 나가는 방향이 일치하지 않으면 관절에 좋지 않다. (3) 발바닥 중심, 명치, 바의 위치를 일직선상에 놓아서 바닥과 수직이 되게 해야 한다. (4) 코어로 무게를 받는다고 생각하고 내리고, 발바닥을 힘껏 차서 올린다. 2. 운동변수 꼭 무겁게 들어야만 몸이 좋아지는 것은 아니다. 과부하를 줄 수 있는 변수는 무게 말고도 세트 수, 개수, 쉬는 시간, 가동범위, 동작속도가 있다. 중량을 들 수 있는 안정적인 자세와 몸이 준비되지 않았다면 세트 수, 개수를 늘리거나 쉬는 시간을 줄이는 것도 방법이다. 3. 영양 (1) BCAA : 근합성에 도움이 되는 비필수 아미노산 로이신, 발린, 이소로이신을 혼합한 보충제로 근손실 방지에 도움이 된다. (2) 운동 전 2~3시간 전에는 탄수화물 식사 필수. 글리코겐이 고갈된 상태로 근력운동을 하면 근손실이 발생한다.
Apply	1. 일하면서 먹을 수 있는 탄수화물(고구마 한 개 또는 바나나)을 싸 가서 4~5시 사이에 먹기 2. 이두운동할 때 수축감이 싫으면 내릴 때 버티는 것에 집중해서 운동하기. 한계지점에서 3회 반동을 이용해서 올리고 내릴 때 버티기 3. 스쿼트할 때 측면에서 촬영해 보고 발 중심, 명치, 바의 위치가 일직선으로 떨어지는지 확인하기

	4. 세트 수와 개수를 늘리면 운동시간이 길어짐. 쉬는 시간을 줄여서 과부하 주기. 쉬는 시간 1분 30초에서 1분으로 단축
Thank	1. 7시간 숙면했음에 감사합니다. 2. 가까운 현장으로 출근해서 30분 더 잤음에 감사합니다. 3. 출근길 독서에 감사합니다. 4. 통신사 VIP 무료 아메리카노에 감사합니다. 5. 1시간만 야근함에 감사합니다. 6. 운동할 수 있음에 감사합니다. 7. 운동이 점점 즐거워지고 있음에 감사합니다. 8. 승리감과 만족감으로 하루하루를 채워가고 있음에 감사합니다.

만약 누군가가 이 책에 썼던 주제 중 딱 한 가지 주제만 추천해 달라고 한다면 주저 없이 FLAT폼을 뽑을 것이다. 멘탈을 만드는 핵심은 '자기 대화의 질을 높이는 것'이다. FLAT폼은 자기 대화를 이어가는 데 좋은 도구다.

사람들은 자기계발서가 삶에 적용되지 않는다고 하면서, 나와는 다른 기질을 가진 사람이, 나와는 다른 상황에서 성공한 스토리가 와 닿지 않기 때문이라고 말한다. FLAT폼에 자기 대화가 쌓이면 나에게 최적화된, 나만을 위한 자기계발서가 된다.

나는 월말마다 한 달 치 FLAT폼을 출력해 읽는다. 느낀 점을 읽으며 나와 주변 상황에 대한 성찰의 깊이를 더하고, 배운 내용을 다시 복습하며, 적용하기로 했던 일들이 잘 진행되고 있는지 점검한다. 감사했던 일들을 읽을 땐 당시 느꼈던 감사함을 또다시 느끼며 행복을 맛본다.

연말이 되면 형광펜을 들고 1년 치 FLAT폼을 읽은 뒤 새해 계획을 세운다. 3년째 계속하고 있는 과정이다.

매일 기록하면 내 삶에 애착과 통제감이 생기고 자연스러운 피드
백과 행동계획이 만들어진다. 내가 겁 없이 책 쓰기에 도전할 수 있
었던 이유도 코칭과 운동과정에서 느끼고 배운 것들을 빠짐없이 기
록하고 적용해 봤기 때문이다.

자기 대화를 위한 '조용한 시간'을 갖는 사람과 그저 흘러가는 대
로 흘려보내는 사람과의 차이는 시간이 지날수록 분명해진다. 꼭 해
보길 권한다. 하루하루를 FLAT하게 다지면 다질수록 멘탈은 더욱
더 단단해진다.

> ### 코칭 질문

어제 하루 혹은 지난 일주일 동안 느낀 것, 배운 것, 적용할 것, 감사
한 것은 무엇이었나요?

Feel	
Learn	
Apply	
Thank	

더
스마트한
목표

사람과 상황에 따라 목표를 세우는 데 걸리는 시간은 다르다. 1회 차만에 올바른 목표설정을 끝내는 선수가 있고 3회 차가 지나도록 감을 잡지 못하는 선수도 있다.

보통 코칭효과는 후자가 더 좋다. 내가 제시하는 기준에 맞게 목표를 빠르게 적는 선수는 목표를 자주 세워 봤거나 올바른 방향으로 목표설정을 하고 있던 선수다. 이런 선수는 문제가 목표에 있지 않다. 다른 막힌 곳을 찾아 뚫어 줘야 한다.

반면 시간이 오래 걸리는 선수는 제대로 된 목표를 적어 본 적이 없거나 잘못된 방향으로 목표를 잡고 있었을 가능성이 크다. 목표만 바르게 세워도 선수의 멘탈은 눈에 띄게 달라진다.

캘리포니아 도미니칸대학교의 게일 매튜스 교수는 직접 연구를 통해 목표기록의 효과를 확인했다. 그는 여러 나라 출신의 전문가들을 모집하여 추적 조사한 끝에 목표를 기록하는 단순한 행동만으로 성취가 42%나 올라갔다는 사실을 알아냈다.[48]

세계적인 성공학의 대가 브라이언 트레이시 또한 "성공이 곧 목표다. 나머지는 다 주석이다"라고 말할 정도로 성공에 있어 목표의 중요성을 높게 뒀다.

피터 드러커는 목표의 타당성을 확인하기 위해 SMART 목표를 제시했다. SMART는 Specific(구체적이고), Measurable(측정 가능하며) Achievable(달성 가능하고), Realistic(현실에 기반한), Time-based(마감시한이 정해진) 목표를 세워야 함을 의미한다. SMART가 제시되고 60년 이상 흘렀기 때문에 설명하는 사람에 따라 각 머리 글자의 철자와 의미를 다르게 쓰기는 하지만 본질은 다르지 않다.

나도 SMART에 따라 여러 번 목표를 작성해 본 경험이 있다. 그런데 피터 드러커의 SMART는 목표가 올바르게 잡혔는지 검증하는 정도로는 괜찮았지만, 목표를 세운 뒤 그것이 곧바로 실행으로 이어지지 않는다는 아쉬움이 있었다.

내가 원하는 목표는 피터 드러커의 SMART보다 더 치밀하고 잘게 썰린 목표였다. 목표를 이루는 데 필요한 단계별 전략과 계획이 구체적 언어로 정리돼 있고, 실행에 힘을 실어 줄 멘탈의 원리들이 녹아 있는 목표를 쓰고 싶었다. 목표 작성을 끝냈을 때 목표에 대한 통제감이 생기고 계획을 빨리 실행하고 싶어 안달날 정도의 수준까지 가길 원했다.

오랜 고민과 시행착오 끝에 나는 두 가지 버전의 '더 스마트한' 목표설정 방식을 고안했다. (참고로 이 책에 담긴 서른여덟 가지 주제 중 어떤 주제를 먼저 읽어도 상관없지만 이 주제만은 마지막에 읽길 권한다. 앞의 내용과 중복되는 내용도 많고, 앞에서 다뤘던 멘탈의 원리들을 이해하고 있어야 좋은 목표를 세울 수 있기 때문이다.)

관리형 목표 설정 방식

첫 번째는 관리형 목표 설정 방식이다. 운동, 다이어트, 공부와 같은 외적 변수가 적은 목표에 쓰기 적합하다.

앞서 말했듯이 운동, 다이어트, 공부와 같은 목표는 내가 해야 할 것을 하고, 하지 말아야 할 것을 하지 않으면 달성된다. 변수는 외부가 아니라 '내 안'에 있다. 행동과 생각을 통제해서 나 자신을 관리해야 한다. 이런 목표에는 관리형 목표 설정 방식을 사용한다. 먼저 관리형 목표 설정의 예부터 살펴보자.

S는 기존 SMART와 다르지 않다. S(Specific Goal)는 구체적인 목표다. 구체적이어야 함은 추상적이면 안 된다는 뜻이다. 사실, 20대 때의 나보다 좋은 몸을 만들겠다는 목표는 추상적이다. 좋은 몸에

대한 기준은 사람마다 다르고 스스로도 판단할 수 있는 기준이 없다. 나중에는 어느 시점에 목표를 달성했는지 그 경계도 모호하다. 그보다는 아래 사례처럼 '6개월 뒤에 바디 프로필을 찍겠다' 또는 '한 달 동안 10kg을 감량하겠다'라는 목표가 더 구체적이다.

S(구체적인 목표) 작성 사례

S	Specific Goal	구체적인 목표	20XX년 X월 X일 바디 프로필 촬영

M(Measurable Growth Goal)은 측정 가능한 성장목표다. 목표에는 '성장목표'와 '증명목표'가 있다(55쪽 참고). 성장목표는 능력을 한층 더 향상하기 위한 목표다. 반면 증명목표는 다른 사람들에게 자신을 입증하고자 하는 목표다.

남에게 무엇인가를 증명해 보이기 위한 목표를 가진 사람은 결과 중심의 사고를 하게 되고, 결과를 만들기 위해 기본기를 무시하거나 편법을 쓰게 될 수 있다. 따라서 증명목표는 목표를 달성하더라도 달성효과가 일시적인 경우가 대부분이다.[49]

예를 들어 한 달 동안 체중 10kg을 감량한다는 목표를 세웠다고 해 보자. 지방이 아닌 수분을 빼거나 무작정 굶어 근손실이 일어나도 체중은 빠진다. 지방 흡입으로 목표를 달성할 수도 있다.

이런 경우 결과적으로 10kg을 감량하더라도 그것은 목표를 달성함으로써 성장했다고 보기 어렵다. 그저 목표 체중을 한 번 찍어 본 것에 불과하다. 감량한 체중은 목표 달성 이후 빠르게 제자리로 돌아온다. 수분과 근육이 아닌 지방을 빼고, 체중을 유지하기 위한 건강한 습관이 만들어져야 성장했다고 볼 수 있다.

6개월 뒤에 바디 프로필을 찍는다는 목표도 마찬가지다. 약을 쓰거나 부족한 몸을 포토샵으로 키우면 다른 사람에게 증명해 보일 수는 있다. 하지만 자신에게 증명하지 못한 목표는 성장으로 이어질 수 없다.

성장목표를 추구했다면, 비록 목표를 달성하지 못하더라도 노력한 만큼 성장할 수 있다. 반면, 증명목표를 추구했다면 목표 달성에 실패한 순간 그동안의 노력은 모두 사라지고 만다. 목표 달성 여부를 판단하기 위해서는 측정할 수 있는 지표가 있어야 하고 측정지표는 증명이 아닌 '성장'에 초점이 맞춰져야 한다.

다이어트라면 '10kg 중 체지방 6kg 이상 감량'이라는 측정지표를, 바디 프로필이라면 아래 사례처럼 '내추럴로 근육량 38kg 이상, 체지방 6% 이하'라는 측정지표를 넣을 수 있다.

◖▥◗ M(측정가능한 성장목표) 작성 사례

M	Measurable Growth Goal	측정 가능한 성장목표	내추럴로 근육량 38kg 이상, 체지방 6% 이하

A(Action, Thinking and Circumstance setting)는 행동, 생각, 환경설정이다. 이 항목에서는 목표를 달성하기 위해 어떤 행동과 생각을 할지 계획한다. 목표를 이루는 데 있어서 내가 통제할 수 있는 것은 결과가 아닌 과정, 나의 행동과 생각뿐이다. 행동과 생각은 환경에 영향을 받기 때문에 환경 설정 전략을 함께 고민해야 한다.

행동, 생각, 환경계획을 짜는 데는 ERRC 그리드를 사용한다. ERRC는 Eliminate(제거해야 할 것), Reduce(줄여야 할 것), Raise(더 해야 할 것), Creat(새롭게 해야 할 것)의 약자다. 계획을 몇 줄로 나열하는 방식보다 체계적으로 계획할 수 있고 순간순간 기억하기도 좋다. ERRC 그리드를 작성할 때는 아래 세 가지를 기억하자.

첫째, 너무 많은 계획을 넣지 않도록 주의한다. 핵심적인 행동 한 개씩만 넣는 것이 좋다. 지켜야 할 것이 많으면 자제력이 금방 바닥난다. 하나의 행동이 습관화됐을 때 다른 행동을 계획하길 권한다.

둘째, 그 행동에 집중하면 결과를 만들어 낼 수 있는지 점검해야 한다. 목표를 세우다 보면 결과를 내기 위한 필수적인 행동이 아닌, 내가 지금 당장 하고 싶은 것을 적게 되는 경우가 종종 있다.

예를 들면 체중 감량을 결심한 사람이 필수적인 행동인 식단조절이나 유산소 운동을 계획하지 않고 필라테스를 하겠다고 적는 경우다. 필라테스도 좋은 운동이지만 효과적인 체중 감량과는 거리가 멀다.

셋째, 마땅한 계획이 없다면 굳이 칸을 채우려고 하지 마라. 핵심 행동에 집중하는 편이 낫다.

			ERRC 그리드	
A	Action Thinking Circumstance setting	행동 생각 환경 설정	**Eliminate(제거해야 할 것)** (행동) 군것질 (생각) 식사 후 단 것이 생각나는 건 학습된 습관이다. 습관은 바꿀 수 있다. (환경) 식사 후 바로 양치하기	**Reduce(줄여야 할 것)** (행동) 탄수화물 섭취 (생각) 탄수화물로 밥 반 공기, 고구마 3개, 바나나 2개면 하루 동안 생활하고 운동하는 데 충분하다. 나머지는 에너지로 쓰이지 못하고 지방으로 축적된다. (환경) 점심식사할 때 밥 반 공기 덜고 먹기
			Raise(더 해야 할 것) (행동) 매일 1시간 이상 웨이트 트레이닝 (생각) 매일 한다는 원칙 지키자. 내가 통제할 수 있는 행동 중 핵심이다. (환경) 주변인들에게 목표 공유. 프로필 촬영 스튜디오 예약. 체육관 1년 치 회원권, 보충제 50만 원어치 구매	**Creat(새롭게 해야 할 것)** (행동) 운동 수행능력 기록하기 (생각) 수행능력을 키워 과부하를 주지 않으면 근육은 성장하지 않는다. (환경) 기록양식 휴대전화 메모장 최상단에 고정

R(Realizability, Reward, Reverse-reward)은 실현 가능성, 보상, 역보상이다. 실현 가능성은 객관적이고 낙관적인 관점에서 내가 목표를 달성할 수밖에 없는 이유를 적어 보는 것이다.

'객관적'이고 '낙관적'이어야 함을 기억하자. 객관적이어야 납득할 수 있고, 낙관적이어야 자기 효능감이 올라간다. 작고 사소한 것이어도 좋다. 실현 가능성을 다섯 개쯤 적고 나면 자신감이 붙는다.

보상과 역보상에는 목표를 이루었을 때 얻을 수 있는 것과 이루지 못했을 때 치러야 할 대가를 적는다. 보상과 역보상이 클수록 동기수준은 올라간다. 적다 보면 생각하지 못했던 보상과 역보상이 떠오른다.

만약 보상과 역보상에 적을 내용이 별로 없다면, 해도 그만 안 해도 그만인 목표일 가능성이 크다. 내 아내는 한 달에 한 번씩 다이어트를 다짐한다. 매번 실패하는 이유는 주변 사람들에게서 도대체 다이어트를 왜 하냐는 말을 듣고, 본인도 한편으론 그렇게 생각하기 때문이다. 성공한다고 한들 얻을 것이 별로 없고, 실패해도 잃을 것이 없다.

이런 목표는 대부분 실패한다. 목표를 달성했을 때 얻을 수 있는 것과 실패했을 때 잃을 것이 커야 한다. 그렇지 않다면 다른 목표를 고민해 보거나 현재 목표에서 판돈을 올려 보라('멘탈코칭 05' 참고).

⏸ R(실현 가능성, 보상, 역보상) 작성 사례

R	Realizability	실현 가능성	1. 몸 만들기에는 외적 변수가 없다. 내가 해야 할 것을 하고 하지 말아야 할 것을 하지 않으면 목표는 달성되게 돼 있다. 결국 멘탈 싸움이다. 나는 멘탈원리를 이해하고 있고 잘 관리할 자신이 있다. 2. 운동방법과 자세를 모두 안다. 근육이 성장하고 지방이 빠지는 몸의 메커니즘 또한 이해하고 있다. 3. 예전에 만들었던 몸까지는 빠르게 갈 수 있을 것이다. 머슬 메모리를 믿는다. 4. 주변에 도와 줄 친구가 많다. 5. 태닝을 하고 조명을 받으면 몸은 훨씬 좋아 보일 것이다.
	Reward	보상	1. 20대 때의 나에 대한 패배의식을 지워 버리고, 그에 맞는 체력과 자신감을 가질 수 있다. 2. 나 자신이 코칭 대상들에게 멘탈 모델이 될 수 있다. 3. 셀프 코칭 성공경험은 나의 코칭을 깊고 풍성하게 만들어 줄 것이다.

			4. 영원히 남을 바디 프로필 사진을 촬영할 수 있다
R	Reverse-reward	역보상	1. 예전만 못하다는 패배의식을 계속 안은 채 나이가 들어 갈 것이다. 2. 멘탈 코칭을 한다고 떠들어댔지만 내가 아는 모두에게 '유리 멘탈' 코치가 된다. 3. 1년치 회원권, 보충제, 프로필 촬영비까지 150만 원 이상 잃는다.

T(Time table)는 시간계획이다. 우선 마감기한을 설정하자. 도전적인 기한을 잡고 역기획해 보기를 권한다('멘탈코칭 25' 참고). 인생의 주인이라면 스스로 마감기한을 설정하고 이를 맞추려는 노력이 필요하다. 자신과 한 약속이지만 기한을 맞추기 위해 노력하는 과정에서 성장이 가속화된다.

마감기한을 잡았다면 A(Action, Thinking and Circumstance setting)에서 계획한 행동 달성 여부를 일 단위로 체크한다. 결과에 대한 집착이 결과를 만들어 내지는 않는다. 통제할 수 있는 행동(과정)에 집중하다 보면 결과는 저절로 따라온다. 매일 달성 여부를 체크함으로써 결과에 대한 걱정과 불안에서 벗어나 매일매일 해야 하는 행동(과정)에 집중할 수 있다.

또한 일 단위 체크는 목표에서 눈을 떼지 않도록 돕는다. 목표에 관한 생각의 끈을 놓지 않으면 목표 달성에 필요한 생각, 사람, 정보를 끌어당긴다. 자주 접속하는 인터넷 사이트가 달라지고, 구독 채널이 달라지고, 읽는 책, 자주 가는 장소, 만나는 사람이 달라진다. 점차 목표 달성에 최적화된 사람으로 변해간다.

그러한 과정에서 좋은 습관이 만들어진다. 마치 매일 항목을 체크하면서 뇌에 한 땀 한 땀 새로운 습관을 새기는 것과 같다.

🏋️ T(시간계획) 작성 사례

	ERRC	E (제거해야 할 것) – 군것질	R (줄여야 할 것) – 탄수화물 섭취	R (더 해야 할 것) – 매일 1시간 운동	C (새롭게 해야 할 것) – 수행능력 기록	피드백
T	Time table	1일	○	○	○	○	근육량 목표 : 35.7kg / 달성 : 35.8kg 체지방률 목표 : 16.2% / 달성 : 16% ① 무게 기록은 빼먹지 않게 됐다. 다른 C로 변경하기 ② 주로 회사에서 스트레스 받거나 야근하는 날 탄수화물 섭취가 늘고, 운동을 안 가게 된다. 대안은?
		2일	○	×	×	○	
		3일	○	○	○	○	
		4일	○	○	×	○	
		5일	○	○	○	○	
		6일	○	○	○	○	
		7일	○	×	×	○	
		8일	○	○	○	○	
		9일	○	×	○	○	
		…					

일주일 또는 한 달 단위로는 측정지표에 대한 중간결과를 넣어서 목표를 향해 잘 가고 있는지 확인할 필요가 있다. 그래야 자신이 변하고 있음을 느끼고 행동계획도 수정할 수 있다. 마찬가지로 중간점

검지표 달성 여부도 확인한다. 달성하지 못했다면 간단하게 피드백을 적는다.

관리형 목표 설정의 예를 한눈에 보면 다음 표와 같다.

S	Specific Goal	구체적인 목표	20XX년 X월 X일 바디 프로필 촬영	
M	Measurable Growth Goal	측정 가능한 성장목표	내추럴로 근육량 38kg 이상, 체지방 6% 이하	
A	Action Thinking Circumstance setting	행동 생각 환경 설정	ERRC 그리드	
			Eliminate(제거해야 할 것) (행동) 군것질 (생각) 식사 후 단 것이 생각나는 건 학습된 습관이다. 습관은 바꿀 수 있다. (환경) 식사 후 바로 양치하기	**Reduce(줄여야 할 것)** (행동) 탄수화물 섭취 (생각) 탄수화물로 밥 반 공기, 고구마 3개, 바나나 2개면 하루 동안 생활하고 운동하는 데 충분하다. 나머지는 에너지로 쓰이지 못하고 지방으로 축적된다. (환경) 점심식사할 때 밥 반 공기 덜고 먹기
			Raise(더 해야 할 것) (행동) 매일 1시간 이상 웨이트 트레이닝 (생각) 매일 한다는 원칙 지키자. 내가 통제할 수 있는 행동 중 핵심이다.	**Creat(새롭게 해야 할 것)** (행동) 운동 수행능력 기록하기 (생각) 수행능력을 키워 과부하를 주지 않으면 근육은 성장하지 않는다.

A			(환경) 주변인들에게 목표 공유. 프로필 촬영 스튜디오 예약. 체육관 1년 치 회원권, 보충제 50만 원어치 구매	(환경) 기록양식 휴대전화 메모장 최상단에 고정

R	Realizability	실현 가능성	1. 몸 만들기에는 외적 변수가 없다. 내가 해야 할 것을 하고 하지 말아야 할 것을 하지 않으면 목표는 달성되게 돼 있다. 결국 멘탈 싸움이다. 나는 멘탈원리를 이해하고 있고 잘 관리할 자신이 있다. 2. 운동방법과 자세를 모두 안다. 근육이 성장하고 지방이 빠지는 몸의 메커니즘 또한 이해하고 있다. 3. 예전에 만들었던 몸까지는 빠르게 갈 수 있을 것이다. 머슬 메모리를 믿는다. 4. 주변에 도와 줄 친구가 많다. 5. 태닝을 하고 조명을 받으면 몸은 훨씬 좋아 보일 것이다.
	Reward	보상	1. 20대 때의 나에 대한 패배의식을 지워 버리고, 그에 맞는 체력과 자신감을 가질 수 있다. 2. 나 자신이 코칭 대상들에게 멘탈 모델이 될 수 있다. 3. 셀프 코칭 성공경험은 나의 코칭을 깊고 풍성하게 만들어 줄 것이다. 4. 영원히 남을 바디 프로필 사진을 촬영할 수 있다.
	Reverse-reward	역보상	1. 예전만 못하다는 패배의식을 계속 안은 채 나이가 들어 갈 것이다. 2. 멘탈 코칭을 한다고 떠들어댔지만 내가 아는 모두에게 '유리 멘탈' 코치가 된다. 3. 1년치 회원권, 보충제, 프로필 촬영비까지 150만 원 이상 잃는다.

		ERRC	E (제거해야 할 것) – 군것질	R (줄여야 할 것) – 탄수화물 섭취	R (더 해야 할 것) – 매일 1시간 운동	C (새롭게 해야 할 것) – 수행능력 기록	피드백
T	Time table	1일	○	○	○	○	근육량 목표 : 35.7kg / 달성 : 35.8kg
		2일	○	×	×	○	

T	Time table	3일	○	○	○	○	체지방률 목표 : 16.2% / 달성 : 16%
		4일	○	○	×	○	
		5일	○	○	○	○	① 무게 기록은 빼먹지 않게 됐다. 다른 C로 변경하기
		6일	○	○	○	○	
		7일	○	×	×	○	② 주로 회사에서 스트레스 받거나 야근하는 날 탄수화물 섭취가 늘고, 운동을 안 가게 된다. 대안은?
		8일	○	○	○	○	
		9일	○	×	○	○	
		...					

단계형 목표 설정 방식

단계형은 관리형과는 반대로 외적 변수가 많고 여러 가지 문제가 복잡하게 얽혀 있는 목표에 적합하다.

대표적인 예가 사업이다. 사업은 해야 할 것을 하고, 하지 말아야 할 것을 하지 않아도 성공 여부를 장담할 수 없다. 시장흐름, 경쟁사, 거래처, 사회적 이슈 등 너무 많은 변수가 존재한다.

또한 어떤 행동과 생각을 반복적으로 하기 보다는 단계별로 진척돼야 할 과제를 해결해 나가야 한다. 때로는 그것이 복잡하게 얽혀 있어 뭐부터 시작해야 할지, 어느 정도 수준으로 완성해야 할지 결정하기 어렵고, 때로는 상황에 짓눌려 길을 헤매는 경우도 있다.

회사 동료였던 J는 쇼핑몰 창업을 준비하던 중에 나를 찾아왔다. J는 '잘 될까?'라는 질문을 수도 없이 던졌다. 회사에서 인정받던 J는 한 번에 돈을 잃을 수도 있다는 걱정과 불안 때문에 능력 발휘를 못하고 있었다.

잘 될지 안 될지는 알 수 없다. 특히 사업에서는 더욱더 그렇다. 결과는 운에 달렸다. J가 할 수 있는 일은 운을 높이기 위한 설계와 실행뿐이다.

우선 J는 사업모델을 완성해서 세상에 내놓아야 한다. 완성하지 못하면 가능성은 0이지만 완성하고 나면 50대 50이다. 그다음은 50의 가능성을 60으로 만들기 위한 다음 과업을 완수하면 된다.

J와 나는 더 스마트한 '단계형 목표'를 작성했다. '관리형 목표'와 다른 점은 A와 T 부분이다. 단계형 목표의 A는 '액션 플랜(Action plan)'이다.

나는 J와 함께 '쇼핑몰을 하겠다'라는 뭉뚱그려진 목표를 분해하고 단계별로 무엇을 해야 하는지 구체적 언어로 정리했다.

액션 플랜은 '무엇'과 더불어 '어디서', '어떻게', '언제까지'를 포함해 구체적으로 적어야 한다(74쪽 참고). 상황이 복잡할수록 생각은 실행에 방해물이 된다. 생각하는 시간과 행동하는 시간을 분리해야 한다. 액션 플랜을 짜면서 즉시 실행 가능한 수준까지 생각을 정리해 두면 실행에 속도가 붙는다.

			Step	장소	완료할 것	기한
A	Action Plan	액션 플랜	1			
			2			
			3			
			4			
			5			
			6			
			7			
			8			
			9			
			10			

그런 다음 액션 플랜 각 요소에서 리스크를 줄이고 운을 높여 줄 방법을 찾아 보완한다. 이 부분은 노하우에 가깝다. 그래서 공부가 필요하다. 공부를 통해 노하우를 배우고 사업에 적용하는 것은 충분히 통제 가능한 영역이다. 자기가 가진 노하우를 누구나 쉽게 공유하고, 쉽게 찾아 볼 수 있는 세상이 왔다. 블로그, 책, 유튜브 등에서 얼마든지 찾아보고 학습할 수 있다.

나는 J에게 1차로 정리한 액션 플랜을 보완해 보라고 했다. 리스크를 줄이고 운을 높여 줄 보완이 필요했다.

일주일 뒤에 만난 J는 액션 플랜을 보완해 왔다. 양이 2배 이상 늘어났다. J는 액션 플랜이 정교해지면서 자신감이 붙었다고 했다. 그가 보완한 내용은 온라인 비즈니스를 잘 모르는 내가 봐도 고개가 끄덕여질 정도였다. 대략 이런 내용이 붙었다.

자동차용품에 한정하지 않는 상호와 BI를 만들 것, 중국 수입을 1차로 진행하지 않고 국내 도매업체에서 샘플을 받아 테스트로 팔아 볼 것, 상세 페이지는 도매업체에서 받아쓰되 동영상이나 GIF를 써서 재가공할 것, 네이버에 한정하지 않고 판매 채널을 최대한 늘릴 것, 블로그 체험단을 모집해서 제품 사용 리뷰를 깔아 둘 것, 주문하는 고객에게 개당 70원 하는 핫팩을 서비스로 제공해 긍정 리뷰를 유도할 것 등이 담겨 있었다.

T는 토핑 아이디어(Topping idea)다. 액션 플랜에 반영하진 않았지만 버리기 아까운 아이디어를 적어 둔다. 혹은 계획 단계에서 생각하지 못했던 아이디어가 떠오를 때 이곳에 메모해 두고 액션 플랜을 수정하거나 다음 단계 플랜을 짤 때 반영한다.

T(토핑 아이디어) 기본 양식

T	Topping idea	토핑 아이디어	

다음 표는 단계형 목표설정을 위한 기본 양식을 나타낸 것이다.

(여기서 J가 작성한 계획을 공개할 수 없음을 이해해 줬으면 하며, 양식만 참고하기를 바란다.)

S	Specific Goal	구체적인 목표				
M	Measurable Growth Goal	측정 가능한 성장목표				
A	Action Plan	액션 플랜	Step	장소	완료할 것	기한
			1			
			2			
			3			
			4			
			5			
			6			
			7			
			8			
			9			
			10			
R	Realizability	실현가능성				
	Reward	보상				
	Reverse—reward	역보상				
T	Topping idea	토핑 아이디어				

J는 목표를 완성하기까지 머릿속으로 계획을 수없이 시뮬레이션 했다. 이제 그대로 실행에 옮기기만 하면 된다.

공부가 계속되고 피드백이 더해지면 액션 플랜은 자연스럽게 업데이트된다. 그래서 목표를 종이에 쓰기 보다는 엑셀 파일에 작성하길 권한다. 복잡한 함수 없이 표만 만드는 수준이니 몇 번만 해 보면 쉽게 익힐 수 있다.

얼마 전, 세션 3회 만에 목표 작성을 완성한 선수가 자신이 작성한 목표를 보며 웃었다. 내가 왜 웃는지 묻자 "이미 목표를 이룬 것 같아서요. 빨리 연습하러 가고 싶어요"라고 답했다.

머릿속에 뭉뚱그려져 있던 꿈은 더 스마트하게 목표를 작성하는 과정에서 구체적인 모양과 무게, 색깔과 질감으로 다가온다. 그러면 이미 목표를 이룬 것과 같은 기분이 든다. 나 또한 목표를 다 적고 나면 그런 기분이 든다.

시간을 내서 여러분 각자의 목표를 꼭 세워 보길 바란다. 책을 여기까지 읽은 독자라면 '더 스마트한 목표'에 녹아있는 멘탈의 원리를 잘 이해했으리라 믿는다.

당신의 목표는 무엇인가요?

*핵심 개념만 잘 이해했다면 양식에 맞추려고 너무 애쓰지 않아도

됩니다. 양식은 수단일 뿐입니다. 만약 실행력을 더 높여 주고 가슴을 더 뜨겁게 해 줄 수만 있다면 양식은 얼마든지 변형해도 됩니다. 그것이 목적이니까요. 당신의 꿈을 응원합니다.

나의 변화, 나의 꿈

운동선수를 만나면 자신의 종목에서 멘탈이 차지하는 비중이 몇 %인지 묻는다. 대답은 종목에 따라 다르다.

상대적으로 신체능력을 덜 사용하는 골프, 당구, 양궁, 사격, 컬링과 같은 종목 선수들은 80% 이상이라고 말한다. 신체를 많이 쓰는 종목에서도 멘탈이 차지하는 비중을 50% 이하라고 말하는 선수는 없다.

운동선수가 아닌 일반인들은 어떨까? 그들에게 똑같은 질문을 던지면 꼭 사업이나 영업직에 있는 사람이 아니더라도 대부분 운동선수보다 멘탈을 더 중요하게 생각한다. 의외라고 생각하는가?

대부분의 사람은 자신이 무엇을 원하는지, 어떻게 하면 원하는 것을 얻을 수 있는지 알고 있다. 설사 그 방법에 확신이 없을지라도, 원하기만 하면 얼마든지 다양한 경로를 통해 더 확실하고 세부적인 방법을 거의 무료에 가까운 비용으로 공부할 수 있다. 자신의 지식을 나눠주고 싶어 안달난 사람들이 넘쳐나는 세상이지 않은가.

문제는 원하는 것을 손에 넣을 때까지 수도 없이 바닥을 치는 멘탈이다. 하지 말아야 할 것을 알지만 하고, 해야 할 것을 알지만 하지 않고, 먹지 말아야 할 것을 알지만 먹는다. 부탁하지 못하고, 거절하지 못하고, 일어나지 못하고, 도전하지 못한다. 참지 못하고, 하지 못하고, 먹고, 눕고, 주저하고, 망설인다. 그렇기에 운동선수뿐만 아니라 일반인들도 단단한 멘탈을 원한다.

그러나 모든 사람이 멘탈을 그렇게 중요하게 생각하면서도 실제로 멘탈 공부와 훈련에 투자하는 시간을 물으면 대부분 0%에 가깝다. '어떻게 훈련해야 하는지 몰라서'가 가장 큰 이유다.

그것이 이 책을 쓴 이유다. '멘탈 체육관'에서 시작했으면 좋겠다. 이 책에 담긴 주제 중 자신에게 우선 적용해야 할 세 가지를 뽑아 꾸준히 셀프 코칭해 보길 바란다.

단 한 번으로 마법은 일어나지 않는다. 기술을 연마하듯 혹은 외국어를 학습하듯 의식하지 않아도 자연스럽게 나올 때까지 연습해야 한다. 꾸준한 연습을 통해 단 한 가지만이라도 체화할 수 있다면 멘탈은 상승나선을 타게 된다. 모든 것이 연결돼 있기 때문이다.

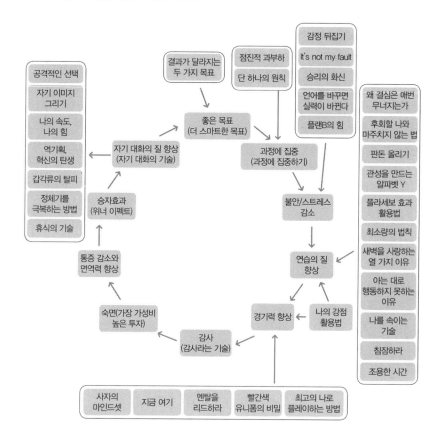

목표를 더 스마트하게 세우면 통제 가능한 과정에 집중할 수 있고, 과정에 집중하면 불안과 스트레스가 줄고, 불안과 스트레스가 줄면 연습의 질이 올라가고, 연습의 질이 올라가면 경기력이 향상되고, 경기력이 향상되면 감사할 일이 많아지고, 감사하면 수면의 질이 올라가고, 수면의 질이 올라가면 통증은 감소하고 판단력은 향상된다.

그렇게 승리하는 경기가 많아지면 승자효과는 더 많은 승리를 가져오며 선수는 다음 단계로 나아가기 위한 자기 대화를 통해 또 다른 목표를 잡는다. 그렇게 승리의 사이클이 만들어진다.

멘탈 훈련은 운동화 끈을 매고 나갈 필요가 없다. 책을 끝까지 읽은 독자라면 멘탈을 훈련할 수 있는 체육관은 이미 마음속에 있다. 마음속 멘탈 체육관에서 하나씩 내 것으로 만드는 훈련을 시작해 보길 바란다.

얼마 전 운전면허증 유효기간이 만료되어 면허시험장을 찾았다. 창구 직원은 내가 가지고 간 증명사진이 만료된 운전면허증 사진과 같은 사진이어서 접수가 안 된다며 증명사진 자판기에서 찍어 오라고 했다. 나는 자판기 안으로 들어가 카메라를 보고 활짝 웃었다.

잠시 후 자판기에서 인화된 사진을 보고 웃음이 터졌다. 초등학교 졸업사진 이후로 최고 못난 사진이었다. 예전 같았으면 그런 사진을 면허증에 넣는 일은 절대 없었을 것이다. 갱신을 미루더라도 스튜디오에서 다시 사진을 찍은 후에 파일을 받아 내가 직접 포토샵 작업까지 했을 것이 분명하다.

하지만 나는 자판기에서 나온 사진 그대로 운전면허증을 만들었다. 그 모습이 진짜 내 모습이라는 생각이 들었다. 목표 달성을 통해 채워진 자존감이 다른 사람의 시선이나 보여 주기 위한 그 무엇에 덤덤해지도록 만들어 줬다. 이룰 수 없을 것 같던 목표를 바라보고 1년간 나눴던 수많은 자기 대화 덕분에 나 자신과 아주 가까워진 기분이랄까. 이제 있는 그대로의 나를 사랑한다.

'오늘은 내게 남은 가장 젊은 날'이라는 말이 있다. 나에게 있어 오늘은 내게 남은 날 중 가장 젊은 날이 아니라, 내 생에 그 어떤 날보다 젊은 날이 됐다.

이제 예전만 못하다고 말하지 않는다. 패배의식을 깨끗하게 지우고 승자효과를 안았다. 그러자 마음속에서 지워 버렸던 꿈들이 하나둘씩 떠오르기 시작했다.

첫 번째가 책 쓰기였다. 운동목표처럼 직장과 코칭을 병행하며 1년 하고도 2개월을 썼다. 당시만 해도 계약출판이 가능할지 자신할 수 없었다. 하지만 출판이 안 되더라도 상관없다고 생각했다. 결과는 내가 통제할 수 없으므로. 결과를 생각했다면 시작도 못 했을 것이다. 내가 통제할 수 있는 영역은 원고의 완성까지였다. 계약출판을 못 하더라도 나에겐 플랜B가 있었고, 이미 글을 쓰는 과정에서 많은 것을 얻고 있었다.

나는 이제 책 쓰기 다음 목표로 가려고 한다. 멘탈 코치로서 더 많은 사람을 만나고 싶다. 점진적 과부하의 원칙에 따라 책 쓰기보다 조금 더 무거운 목표를 세웠다. 또 같은 방식으로 승리할 것이다.

회사원이 아닌 멘탈 코치로서의 자기 이미지를 그리고, 역기획하고, 판돈을 키우고, 플랜B를 세우고, 공격적인 선택을 해 나갈 것이다.

사자의 마음으로, 단 하나의 원칙을 지키고, 자제력을 관리하며

'지금 여기'에 몰입할 것이다. 점진적 과부하의 원칙에 따라 과정에 집중하고 나의 속도와 나의 힘을 유지할 것이다. 일이 잘 풀리지 않을 때는 가볍게 감정을 뒤집고 멋지게 승화시킬 것이다. 새벽에 일어나 하루를 시작하고, 매일 QT(Quite Time)하고, 모든 것에 감사할 것이다.

세상에는 코칭하는 대로 살지 않는 코치, 가르치는 대로 행동하지 않는 선생님, 앞과 뒤가 다른 멘토, 자기 사업이라면 절대 하지 않을 결정을 내리는 컨설턴트가 너무나 많다.

나는 내 삶 자체가 모델이 되는 코치가 되고 싶다.

멘탈 코치 홍진민

참고문헌

1. 세스 고딘, 《린치핀》, 라이스메이커, 2019, 25p

2. 로이F. 바우마이스터·존 티어니, 《의지력의 재발견》, 에코리브르, 2012, 34~36p

3. 같은 책, 37~38p

4. 같은 책, 12p

5. 앨런 라킨, 《시간을 지배하는 절대 법칙》, D&C미디어, 2011, 131p

6. 제임스 스콧 벨, 《소설 쓰기의 모든 것, part1 플롯과 구조》, 다른, 2012, 158~159p

7. 조너선 페이더, 《단단해지는 연습》, 어크로스, 2016, 75p

8. 고영성·신영준, 《완벽한 공부법》, 로크미디어, 2017, 124~128p

9. 앨릭스 코브, 《우울할 땐 뇌 과학》, 푸른숲, 2018, 242~245p

10. 조미예, 〈김용일 트레이너가 말하는 류현진의 완벽 부활 이유〉, 조미예의 MLB현장, 2019.06.04

11. 제임스 클리어, 《ATOMIC HABITS, 아주 작은 습관의 힘》, 비즈니스북스, 2019, 34~35p

12. 데이브 알레드, 《포텐셜》, 비즈니스북스, 2016, 170~171p

13. 박종석, 〈마음과 스포츠, 투수와 공황장애〉, 정신의학신문, 2019.02.11

14. 티머시 골웨이, 《이너게임》, 오즈컨설팅, 2006, 111~112p

15. 앨릭스 코브, 《우울할 땐 뇌 과학》, 푸른숲, 2018, 225p

16. 같은 책, 232p

17. 앨런 피즈, 바바라 피즈, 《당신은 이미 읽혔다》, 흐름출판, 2015, 16p

18. J. Bruce Moseley, M.D., Kimberly O'Malley, Ph.D., Nancy J. Petersen, Ph.D., Terri J. / Menke, Ph.D., Baruch A. Brody, Ph.D., David H. Kuykendall, Ph.D., John C. Hollingsworth, Dr.P.H., Carol M. Ashton, M.D., M.P.H., and Nelda P. Wray, M.D., M.P.H. 〈A Controlled Trial of Arthroscopic Surgery for Osteoarthritis of the Knee〉, The NEW ENGLAND JOURNAL of MEDICINE, 2002

19. Yella Hewings-Martin, Ph.D., 〈How many cells are in the human body?〉, Medical News Today, 2017.07.12

20. 심현도, 《헬린이 상담소》(전자책), 더나눔, 2018, 21장

21. 정영학, 〈충분한 운동에도 신체 기능 향상이 보이지 않는다면? 과훈련 증후군 바로알기〉, KAIST SPORTS COMPLEX, 2015.05.22

22. 미하이 칙센트미하이, 《몰입》, 한울림, 2004, 144~146p

23. 같은 책, 88p

24. 틱낫한, 《힘》, 명진출판, 2003, 70~71p

25. 로이 F. 바우마이스터 · 존 티어니, 《의지력의 재발견》, 에코리브르, 2012, 127~129p

26. 게리 맥, 《마인드 스포츠》, 레인보우북스, 2004, 137p

27. 고영성 · 신영준, 《완벽한 공부법》, 로크미디어, 2017, 28p

28. 이안 로버트슨, 《승자의 뇌》, 알에이치코리아, 2013, 86p

29. 같은 책, 81~86p

30. 팀 페리스, 《타이탄의 도구들》, 토네이도, 2017, 23~25p

31. 나카지마 사토시, 《오늘, 또 일을 미루고 말았다》, 북클라우드, 2017, 130~131p

32. 황덕연, 〈유소연, 마이어 클래식 우승, 1년만에 LPGA 정상〉, 스포츠투데이, 2018.06.18

33. 이안 로버트슨, 《승자의 뇌》, 알에이치코리아, 2013, 96p

34. 같은 책, 97~98p

35. Hagemann, N., Strauss, B., and Leissing, J. 〈When the referee sees red〉, Psychological Science, 19, 2008, 769~771p

36. 팀 페리스, 《타이탄의 도구들》, 토네이도, 2017, 12~13p

37. 니시노 세이지, 《스탠퍼드식 최고의 수면법》, 북라이프, 2017, 42~43p

38. 서유헌, 〈엔도르핀, 뇌 속의 마약〉, 네이버캐스트 인체기행, 2009

39. 아리아나 허핑턴, 《수면 혁명》, 민음사, 2016, 125~127p

40. 전채연, 《성공하는 사람들의 새벽 예찬》, 브레인 미디어 뇌, 2003.10

41. https://youtu.be/1vKqL0dtLoM

42. https://youtu.be/IgSFamoV0Jc

43. 미하이 칙센트미하이, 《몰입》, 한울림, 2004, 29p

44. 데이브 알레드, 《포텐셜》, 비즈니스북스, 2016, 110p

45. 프리드리히 니체, 《니체의 말》, 삼호미디어, 2010, 22p

46. 안데르스 에릭슨, 로버트 풀, 《1만 시간의 재발견》, 비즈니스북스, 2016, 263~264p

47. 마커스 버킹엄, 도널드 클리프턴, 《위대한 나의 발견, 강점혁명》, 청림출판, 2011, 73~75p

48. 마이클 하얏트, 《탁월한 인생을 만드는 법》, Andromedian, 2019, 118p

49. 고영성 · 신영준, 《완벽한 공부법》, 로크미디어, 2017, 125~128p